La Criptovaluta Bibbia 2021-2022

Guida definitiva per fare soldi; massimizzare i profitti di Crypto con consigli di investimento e strategie di trading
(Bitcoin, Ethereum, Ripple, Cardano, Chainlink, Dogecoin & Altcoins)

Edizione 3.0

EDITORIA LUNA STELLARE

Disclaimer

Copyright 2021 di STELLAR MOON PUBLISHING - Tutti i diritti riservati

Questo documento mira a fornire informazioni esatte e affidabili riguardo all'argomento e alla questione trattata. La pubblicazione è venduta con l'idea che l'editore non è tenuto a rendere servizi contabili, ufficialmente autorizzati o altrimenti qualificati. Se è necessaria una consulenza, legale o professionale, si deve ordinare a un individuo esperto nella professione - da una dichiarazione di principi che è stata accettata e approvata allo stesso modo da un comitato dell'American Bar Association e da un comitato degli editori e delle associazioni.

In nessun modo è legale riprodurre, duplicare o trasmettere qualsiasi parte di questo documento sia in mezzi elettronici che in formato stampato. La registrazione di questa pubblicazione è strettamente proibita e qualsiasi memorizzazione di questo documento non è consentita se non con il permesso scritto dell'editore. Tutti i diritti riservati.

La presentazione delle informazioni è senza contratto o qualsiasi tipo di assicurazione di garanzia. I marchi utilizzati sono senza alcun consenso, e la pubblicazione del marchio è senza permesso o appoggio da parte del proprietario del marchio. Tutti i marchi e le marche all'interno di questo libro sono solo a scopo chiarificatore e sono di proprietà dei proprietari stessi, non affiliati a questo documento. Non incoraggiamo alcun abuso di sostanze e non possiamo essere ritenuti responsabili per l'eventuale partecipazione ad attività illegali.

Cryptotrading nel 2021 e 2022

Il cripto trading per principianti sta diventando sempre più popolare. Vedi, ogni giorno ci sono più persone che iniziano con il trading di criptovalute. E questo non è strano, perché c'è molto profitto da fare. Tuttavia, naturalmente bisogna fare molto per questo. Non puoi diventare grande con il trading di cripto senza un po' di conoscenza. Ecco perché in questo libro ti spieghiamo esattamente quello che devi sapere se sei ancora un principiante e vuoi iniziare con il cripto trading.

Cos'è il cripto trading?
Quando vuoi investire il tuo denaro, puoi farlo in diversi modi. Puoi scegliere di investirlo in azioni, o per esempio praticando il Forex trading. Tuttavia, sempre più trader scelgono di investire il loro denaro in qualcosa di diverso dal Forex o dalle azioni. Infatti, investire in criptovalute sta diventando sempre più popolare.

Il cripto trading è il commercio di criptovalute. L'obiettivo è quello di comprare una criptovaluta per un importo basso, e poi rivenderla per un importo più alto. Il trading di criptovalute sta diventando sempre più popolare non solo tra i giovani, ma anche tra i trader che normalmente investirebbero solo in azioni.

Prima di poter fare trading di cripto con successo, è importante imparare come funziona il mondo delle cripto. Puoi farlo seguendo un corso di formazione sulle criptovalute o leggendo i nostri consigli per i principianti. È importante sapere che questi sono ovviamente consigli, e non possiamo garantire che farai effettivamente soldi con essi.

Monete criptovalute e token

Ci sono sia monete cripto che token. Tuttavia, c'è una grande differenza tra questi due concetti. Una criptovaluta è infatti una moneta che gira sulla propria blockchain. Per esempio, la criptovaluta di Ethereum è Ether (ETH), e la criptovaluta della blockchain di Bitcoin è Bitcoin (BTC). Una blockchain può rappresentare solo una criptovaluta.

Tuttavia, più token possono funzionare su una blockchain. Un token è qualcosa che utilizza la tecnologia di un'altra blockchain. Per esempio, ci sono token che girano sulla blockchain di Ethereum.

Diverse criptovalute

Ci sono diversi tipi di criptovalute. Naturalmente, Bitcoin (BTC) è sia la prima che la più nota criptovaluta. Tuttavia, ci sono molte altre monete oltre al Bitcoin, che chiamiamo altcoins (monete alternative).

Le altcoin più conosciute sono Ethereum (ETH), Dogecoin (DOGE), Solana (SOL), Ripple (XRP) e naturalmente Cardano (ADA). Quando sei un principiante, è importante che tu sappia con quali criptovalute puoi fare trading. Pertanto, fai molte ricerche sulle criptovalute che sono disponibili. Su

CoinMarketcap puoi trovare tutti i tipi di informazioni come il prezzo del Bitcoin (BTC) e delle altre monete.

L'ultimo crollo di Bitcoin

Non può essere sfuggito a nessuno: Bitcoin ha subito dei colpi pesanti. Come ogni mercato finanziario, il trading di Bitcoin è guidato dalle emozioni.

O meglio, gli investitori di criptovalute sono guidati dall'emozione e i recenti tweet di Elon Musk stanno causando un sacco di FUD ("Fear, Uncertainty, Doubt"). Completamente inaspettato, ha attaccato Bitcoin sul consumo di energia da combustibili fossili e sull'impronta di carbonio.

Nonostante il fatto che questa storia sia stata sfatata molte volte, la gente è molto sensibile a questo, e quando una così grande celebrità grida qualcosa, la maggior parte delle persone ci crede immediatamente e la paura si raccoglie intorno. Cosa significa questo per il prezzo del Bitcoin e delle altre criptovalute?

Stellar Moon Publishing ha compilato questo libro per offrire una visione dei migliori consigli e strategie di trading per il 2021. Questo libro è stato scritto da un gruppo di esperti di criptovalute. Con questo libro, ci sforziamo di fornirti le migliori informazioni curate sul trading e sugli investimenti in criptovalute.

Proprio quando il prezzo del Bitcoin stava recentemente rimbalzando, la paura si è imposta e la deflazione è stata significativa. Il vantaggio è che ora spiccano i veri livelli di supporto solido. Nonostante tutto il panico: la barriera dei 30.000 dollari non sembra essere rotta a breve. Nemmeno Elon può abbatterla così tanto!

E il bitcoin ha fatto un grande recupero dopo questo con un sacco di notizie positive che lo sostengono, avremo una breve panoramica di ciò che queste notizie comportano e come potrebbero influenzare il futuro del bitcoin e delle criptovalute.

Altre previsioni per il futuro
Lo stratega del mercato azionario Tom Lee dell'asset manager Fundstrat continua a credere nella resurrezione del bitcoin. In un'analisi pubblicata lunedì, Lee ha indicato che la principale criptovaluta potrebbe stabilire nuovi record se il mercato azionario prende il comando con un rinnovato rally del mercato azionario.

Lee mantiene la sua previsione che il bitcoin potrebbe salire ad un livello di 125.000 dollari quest'anno.

Mercoledì, il bitcoin ha quotato un livello di 37.000 dollari.

A metà aprile, il bitcoin ha raggiunto un livello record di circa 65.000 dollari. Poi la criptovaluta è scesa di nuovo a poco più di 30.000 dollari a maggio.

Lee pensa che il bitcoin stia "toccando il fondo". Lo deduce in parte dal fatto che il prezzo del bitcoin non reagisce quasi più alla copertura di notizie negative.

Nel mercato azionario, gli indici di borsa come l'ampio indice S&P 500 e l'indice Dow Jones sono in bilico su recenti livelli record. "Se l'S&P 500 raggiunge un nuovo massimo storico, è ovvio che anche le azioni criptovalute cercheranno nuovi record", dice Lee.

A questo, Lee aggiunge nella sua analisi che i nuovi record per i principali indici azionari non significano che il bitcoin andrà immediatamente al vecchio livello record. Un "consolidamento" tra 35.000 e 60.000 dollari è quindi inizialmente probabile, scrive Lee.

"Vedremo il bitcoin salire sopra i 125.000 dollari prima della fine dell'anno, ma siamo ancora un po' cauti nel breve termine. Una volta che il bitcoin quoterà sopra i 40.000 dollari, ciò confermerà la tesi che il livello di 30.000 dollari è stato il fondo nel 2021", conclude Lee.

Il doppio degli investitori di bitcoin nel 2021

Secondo Crypto.com, c'erano 106 milioni di utenti/titolari di criptovalute all'inizio di quest'anno. Questo è coerente con una precedente ricerca dell'Università di Cambridge, che ha stimato il numero di utenti di criptovalute a 101 milioni dopo il terzo trimestre del 2020, da soli 35 milioni di utenti nel 2018.

Nel corso del 2021, le criptovalute stanno guadagnando sostanzialmente in popolarità. Il numero di utenti è raddoppiato fino a 221 milioni a giugno, dice Crypto.com. Secondo la piattaforma, diversi fattori hanno giocato un ruolo nei primi mesi del primo semestre dell'anno rispetto al secondo:

A gennaio e febbraio, è stato soprattutto il Bitcoin a guidare l'adozione globale delle criptovalute. Ethereum (ether) si conferma nel sondaggio come il chiaro numero due, anche se a notevole distanza dal Bitcoin. In primavera, sono state soprattutto le altcoins, le monete alternative più piccole come Dogecoin, a decollare. Come risultato, la quota di mercato di Bitcoin è scesa dal 67% di gennaio a un altro 51% alla fine di giugno.
"I probabili eventi che hanno spinto l'accettazione delle criptovalute sono stati la massiccia accettazione istituzionale e il trading di criptovalute sempre più facile, insieme all'effetto celebrità di Elon Musk", scrive Crypto.com.

Tabella dei contenuti

Disclaimer 1

Cryptotrading nel 2021 e 2022 3

Tabella dei contenuti 9

Il tuo libro gratis 11

Il nostro corso Crypto Expert Trading.............13

I nostri libri 15

Il futuro di Bitcoin nel 2021............................17

Fondo ETF Bitcoin in Europa?.........................20

Bitcoin in El Salvador e la Banca Mondiale......23

Bitcoin in arrivo in Uruguay?...........................26

Bitcoin: vale più di un milione?.......................29

Strategia a lungo termine per il bitcoin?.........34

Come diventare ricchi con i bitcoin? 38

Le migliori criptovalute del 2021.....................42

Bitcoin contro Ethereum 56

   Cos'è esattamente Ethereum?..........................58

L'aggiornamento per Ethereum nel 2021 66

Perché Ripple riceve attenzione?.....................70

La causa Ripple 73

Qual è il prezzo di Ripple? 76

Come sviluppare la tua strategia di trading.................**79**

Elementi chiave di una strategia di trading di successo.............**83**

Strategie di investimento in criptovalute **91**

Consigli essenziali per il successo delle criptovalute.................. 99

Schemi di pompaggio e scarico **110**

Dogecoin.. 112

Valore intrinseco delle criptovalute 115

Safemoon e Shiba Inu: progetti di truffa?.................... 119

Il valore intrinseco del bitcoin...............................**122**

Privacy nel trading di Bitcoin 124

Perché il bitcoin è un solido investimento a lungo termine 126

L'attuale carenza di chip 129

Ordine di chiusura del Sichuan 131

Conclusione **134**

Il tuo libro GRATIS..**135**

I nostri libri **137**

Il nostro corso Crypto Expert Trading....................**139**

Il tuo libro gratis

Se vuoi iniziare a guadagnare nel mondo delle criptovalute, assicurati di scaricare il nostro bonus gratuito con **12 consigli estremamente preziosi per i principianti!**

Con questo libro e questi consigli, hai la garanzia di fare un ottimo inizio con i tuoi futuri investimenti!

Iscriviti qui per avere accesso immediato e dare il via al tuo successo nella crittografia:

https://campsite.bio/stellarmoonpublishing

Il nostro corso Crypto Expert Trading

Stai cercando un nuovo modo di investire?

Stai cercando di fare un po' di soldi?

Sei interessato a investire ma non sai da dove cominciare?

Vuoi iniziare il tuo trading di criptovalute con la conoscenza di rinomati esperti in finanza e investimenti?

Il corso crypto Expert Trading è il corso più completo sul trading e l'investimento con le criptovalute. Imparerai a fare trading in pochi minuti al giorno. Ti insegniamo tutto, dall'analisi tecnica, alla gestione del rischio, e molto di più.

Il nostro obiettivo è quello di aiutarvi a diventare un trader di successo in modo che il vostro futuro finanziario possa essere sicuro.

Investire non è mai stato così facile con il nostro progetto passo dopo passo che insegna ai principianti come fare trading come un esperto - con il potenziale di fare enormi profitti!

La parte migliore di questo corso è insegnata da esperti. Quindi, cosa state aspettando? Iniziate oggi stesso!

Per maggiori informazioni, visitate questo link:

https://payhip.com/b/ork8N

I nostri libri

Dai un'occhiata al nostro altro libro per saperne di più sugli NFT, il trading e la vendita di NFT, come trarre profitto e i consigli e le strategie essenziali per un inizio a prova di fallimento nell'universo NFT.

Unisciti all'esclusivo Stellar Moon Publishing Circle, otterrai l'accesso immediato a **12 preziosissimi consigli sulle criptovalute**!

Oltre a questo, avrai anche accesso immediato alla nostra mailing list con gli aggiornamenti dei nostri esperti ogni settimana!

Iscriviti qui oggi:

15

Il futuro di Bitcoin nel 2021

Bitcoin sale a 115.000 dollari nell'agosto 2021, Pantera prevede

Il fondatore e CEO di Pantera Capital, Dan Morehead, sostiene la sua previsione incredibilmente positiva per il bitcoin nel 2021. Sostiene che il bitcoin è ancora sulla buona strada per diventare 115.000 dollari entro agosto di quest'anno.

Previsione di stock a flusso

Nella versione di gennaio del mailing Blockchain di Pantera, Morehead scrive che i movimenti di prezzo del bitcoin, anche se ritardati di una settimana, stanno procedendo esattamente come previsto in base alle previsioni di stock-to-flow pubblicate l'anno scorso.

Bitcoin è in linea con le previsioni che abbiamo condiviso nel nostro mailing di aprile. La nostra analisi si basava sul confronto tra il calo dell'offerta/flusso di bitcoin rispetto allo stock in circolazione al momento di ogni dimezzamento, e il conseguente impatto sul prezzo".

Aggiornarsi su bitcoin

Secondo le previsioni di Pantera, il prezzo del bitcoin era in ritardo di ben 15 settimane nel luglio 2020. A dicembre, il bitcoin ha iniziato a recuperare il ritardo rispetto alle previsioni di Pantera e a metà gennaio, la criptovaluta leader ha raggiunto la nona pietra miliare nelle previsioni di Pantera dopo essere salita a 38.000

dollari. Se il prezzo del bitcoin continua a seguire le sue previsioni, la valuta salirà a 45.268 dollari il 15 febbraio.

Impatto del dimezzamento

Le previsioni del fondo d'investimento si basano sul ciclo di dimezzamento del bitcoin. Morehead dice che storicamente, il prezzo del bitcoin sale sempre dopo ogni dimezzamento. I dimezzamenti avvengono ogni quattro anni.

Dopo il primo dimezzamento nel 2012, l'offerta di bitcoin è diminuita di poco più del 15% in un periodo di 446 giorni, mentre i premi di blocco sono stati dimezzati da 50 a 25 BTC. Successivamente, il mondo intero ha assistito ad un aumento del 9.212% del prezzo del bitcoin. Dopo il dimezzamento nel 2016, il bitcoin è aumentato del 2.910%.

Se il bitcoin segue la traiettoria prevista da Pantera, Morehead si aspetta che la criptovaluta raggiunga il picco nell'agosto 2021 con un valore di 115.212 dollari. Questo è un aumento di oltre il 1.091% dopo il dimezzamento nel maggio 2020.

Alla Stellar Moon Publishing, pensiamo che un nuovo massimo storico per il bitcoin sia possibile quest'anno, ma è altamente improbabile che accada entro la fine di agosto. Questo è anche quando questo libro sarà probabilmente rilasciato, quindi vedremo se la previsione di Pantera è vera.

Fondo ETF Bitcoin in Europa?

La francese Melanion Capital è il primo soggetto in Europa a lanciare un ETF bitcoin regolamentato a livello europeo. Il fondo d'investimento con sede a Parigi ha ricevuto il permesso dai regolatori francesi di lanciare un ETF che soddisfa lo standard europeo UCITS.

UCITS è l'acronimo di Undertakings fort he Collective Investment in Transferable Securities e si riferisce a un quadro giuridico costruito per la negoziazione di fondi a livello europeo. I fondi che soddisfano lo standard UCITS sono considerati i più sicuri del continente e sono quindi molto richiesti dagli investitori. Il che rende ancora più interessante il fatto che Melanion stia uscendo con un ETF bitcoin che soddisfa lo standard UCITS.

Il fondo deve seguire un paniere di 30 azioni
È previsto che il nuovo fondo di Melanion segua un paniere di fino a 30 azioni in diversi settori che sono legati al bitcoin. Qui si deve pensare ai minatori di criptovalute, ma anche alle cosiddette aziende blockchain. Che, secondo Melanion, mostrano fino al 90% di correlazione con il bitcoin e quindi seguono in gran parte il prezzo della criptovaluta più dominante.

"Devo ancora vedere dei fondi sotto l'ombrello UCITS che si concentrano interamente sui beni digitali", ha detto al Financial Times l'avvocato Winston Penhall di Keystone Law a Londra. Come i legislatori vedono il bitcoin e altre criptovalute non è ancora chiaro in molti casi, secondo Penhall, ha aggiunto alle sue dichiarazioni.

I fondi UCITS venduti in Europa sono generalmente popolari anche in Asia e America Latina. A livello globale, sono visti come il gold standard in termini di regolamentazione dei fondi. La maggior parte dei fondi europei aderisce allo standard UCITS, che offre un alto livello di protezione agli investitori. Tuttavia, gli standard sono stati creati 30 anni fa e bitcoin e altre criptovalute non sono stati ovviamente presi in considerazione quando li hanno redatti.

Le regole non ci sono ancora per includere il bitcoin nel fondo
Di conseguenza, la maggior parte dei legislatori nazionali interpretano le regole UCITS nel senso che gli asset digitali come il bitcoin non possono essere direttamente inclusi in un fondo. Questo rende praticamente impossibile lanciare un fondo UCITS che investe principalmente in bitcoin. "La maggior parte delle porte della finanza tradizionale si stanno chiudendo sul bitcoin. L'ETF è stata una sfida enorme a causa della sensibilità e della politica che circonda il bitcoin e gli investimenti in bitcoin", ha detto Jad Comair, CEO di Melanion.

Di conseguenza, Melanion utilizzerà il bitcoin ETF per investire principalmente in minatori come Argo Blockchain e Riot Blockchain. Inoltre, la società di investimento Galaxy Digital di Mike Novogratz può aspettarsi investimenti e il broker Voyager Digital è anche sulla lista. Le azioni sono considerate in base alla sensibilità che mostrano al bitcoin. Più alta è la correlazione, più è probabile che siano inclusi.

Ci sono già diversi prodotti finanziari che tracciano il prezzo del bitcoin, come il Wisdom Bitcoin ETP che si può acquistare in Europa. Anche se questo è un prodotto finanziario regolamentato, non soddisfa lo standard UCITS e non può mettere quell'etichetta ricercata su di esso. Di conseguenza, è improbabile che molti capitali possano investire in tali prodotti d'investimento perché offrono sufficiente protezione agli investitori.

Bitcoin in El Salvador e la Banca Mondiale

La Banca Mondiale ha rifiutato di aiutare El Salvador a integrare Bitcoin nella sua infrastruttura finanziaria, ha detto oggi un rapporto su Reuters.

Il paese centroamericano ha fatto la storia la scorsa settimana quando ha approvato una legge che ha reso Bitcoin valuta legale. Da allora, tuttavia, varie autorità, tra cui il FMI, hanno dato acqua fredda all'idea.

Con la Banca Mondiale che rifugge Bitcoin, è chiaro che i governi globali non sono a bordo della libertà finanziaria.

La Banca Mondiale dice no al Bitcoin
La Banca Mondiale ha detto che non aiuterà l'implementazione di Bitcoin da parte di El Salvador a causa delle "carenze ambientali e di trasparenza" della principale criptovaluta.

Un portavoce della Banca Mondiale ha confermato che l'organizzazione rimane impegnata a sostenere El Salvador in molti modi per la trasparenza e la regolamentazione delle valute. Ma questa offerta non si estende all'assistenza per l'implementazione di Bitcoin.

"Anche se il governo ci ha contattato per un aiuto con il bitcoin, questo non è qualcosa che la Banca Mondiale può sostenere, date le sue carenze ambientali e di trasparenza", ha detto il portavoce.

23

La risposta è arrivata quando il ministro delle finanze di El Salvador, Alejandro Zelaya, ha contattato la Banca Mondiale per implementare Bitcoin come moneta parallela al dollaro.

Né Zelaya né i suoi colleghi hanno risposto pubblicamente alla decisione della Banca Mondiale.

Tuttavia, diversi eminenti sostenitori di Bitcoin hanno espresso il loro punto di vista sulla questione. Anthony Pompliano ha sottinteso una motivazione cinica dicendo: "CORREZIONE: La Banca Mondiale non ha capito come fare soldi con Bde ITCO. '

Mentre Max Keizer, fedele alla forma, ha proceduto ad usare bestemmie per esprimere i suoi pensieri sulla questione. Anche accusando la Banca Mondiale di complicità nella disuguaglianza finanziaria.

La Banca Mondiale è un'organizzazione finanziaria globale composta da 189 paesi membri che forniscono prestiti e sovvenzioni ai paesi impoveriti per progetti di capitale.

Ha due obiettivi: porre fine alla povertà in modo sostenibile e promuovere la prosperità condivisa.

Tuttavia, nel 2006, un'indagine di quattro mesi del Government Project ha evidenziato la corruzione alla Banca Mondiale.

Il rapporto ha stimato che più del 20% dei prestiti fatti, circa 4 miliardi di dollari, sono stati contaminati da pratiche corrotte.

Gli investigatori hanno anche scoperto diversi altri problemi nell'organizzazione, specialmente legati al rallentamento delle indagini interne. Per esempio, una struttura che scoraggia la segnalazione di pratiche corrotte con punizioni per gli informatori.

Anche se questo rapporto ha 15 anni, evidenzia ancora la mancanza di responsabilità negli organismi intergovernativi di alto livello.

Bitcoin in arrivo in Uruguay?

C'è più di una possibilità che El Salvador avrà un successore sotto forma di Uruguay in termini di adozione di bitcoin come valuta legale. Infatti, un senatore uruguaiano ha introdotto una legge che convertirebbe le criptovalute in moneta legale nel paese sudamericano.

La legge presentata martedì dal senatore Juan Sartori mira a fornire sicurezza legale, finanziaria e fiscale per l'intera industria che circonda le criptovalute in Uruguay. "Le criptovalute saranno riconosciute e accettate dalla legge. Inoltre, saranno riconosciuti come moneta legale", afferma la proposta.

Le criptovalute sono un'opportunità per l'economia Dopo aver presentato la legge, Juan Sartori si è lasciato sfuggire su Twitter: "Le criptovalute sono un'opportunità per attirare investimenti e creare posti di lavoro". Così, come El Salvador, l'Uruguay vede l'adozione di bitcoin come un'opportunità per lavorare in una migliore posizione economica. Per i paesi le cui economie deboli e le valute nazionali li costringono a scegliere o il dollaro americano o il bitcoin, può certamente essere interessante almeno provare una combinazione.

Il disegno di legge stabilisce che qualsiasi persona fisica o società può ricevere o inviare criptovalute come valuta legale. Sia presso la propria banca che presso i fornitori di servizi criptati autorizzati in Uruguay.

Se il disegno di legge arriva al traguardo, il governo presenterà una "licenza iniziale" che dovrebbe consentire alle aziende di scambiare criptovalute negli scambi. Una seconda licenza dovrebbe eventualmente permettere alle aziende di tenere e conservare le criptovalute. Una terza licenza dovrebbe permettere alle aziende di emettere le proprie criptovalute o token. Cosa esattamente dovremmo aspettarci da questo non è ancora del tutto chiaro.

Quanto è probabile che la legge passi?
Ci sono più spesso politici con piani selvaggi che usano una proposta di legge per generare attenzione per la propria campagna. Spesso queste figure hanno una minoranza politica e non il potere di far passare una proposta attraverso tutti i cancelli necessari. Tuttavia, lo stesso non si può dire di Juan Sartori e del suo Partito Nazionale.

Infatti, la coalizione in cui si trovano Sartori e il suo Partito Nazionale ha una maggioranza di 17 dei 30 seggi del Senato. Così la Coalición Multicolor, per come vanno le cose, ha il potere di portare la legge al traguardo. Quindi c'è certamente una possibilità che l'Uruguay diventi il secondo paese dopo El Salvador ad avere bitcoin riconosciuto come moneta legale.

Passo dopo passo, i paesi alla periferia del sistema finanziario stanno cominciando a riconoscere la potenziale scialuppa di salvataggio economica che il bitcoin rappresenta per loro. È interessante notare che i paesi non hanno bisogno di andare in tutto e per tutto per beneficiare di questo. Senza abbandonare completamente il sistema convenzionale in un colpo solo, hanno l'opportunità di sperimentare tranquillamente il bitcoin per vedere cosa fa per l'economia. Come hodler *(possessori di bitcoin a lungo termine)*, ovviamente non diciamo di no a questo tipo di sviluppo.

Bitcoin: vale più di un milione?

È meglio fare trading o hodl? Questa decisione dipende interamente da te. Pertanto, in questa analisi, c'è qualcosa per tutti. Si inizia con il breve termine, e poi guardare la prospettiva a lungo termine di bitcoin, basato sul lavoro di analista Dave l'onda.

La media si muove nel modo sbagliato
Inizieremo prima con il breve termine, che include le candele che rappresentano un breve periodo di tempo. Nel grafico qui sotto, ogni candela rappresenta 4 ore. La linea verde è la media mobile delle 50 candele, quindi di 200 ore. Si tratta di un periodo relativamente breve ed è per questo che questo è un indicatore così importante per i prossimi giorni. Come potete vedere qui sotto, il prezzo del bitcoin ha danzato su questa corda tesa per due mesi. In diverse occasioni nel mese di luglio, questo ha dimostrato di essere una resistenza che il bitcoin non poteva superare, fino al 21 luglio.

Il momentum è cambiato e il prezzo ha rotto violentemente la tendenza a breve termine. La 50MA (media mobile) si è trasformata da un mostro inespugnabile in una zona di supporto. Nel frattempo, la 50MA si è trasformata di nuovo in una linea di resistenza e perché il bitcoin trovi la sua strada verso l'alto, la 50MA deve essere rotta nel breve termine.

Il lungo termine di Dave the Wave

Ci sono diversi modelli per dire qualcosa sul lungo termine del prezzo del bitcoin. I due modelli dell'analista olandese PlanB sono incredibilmente popolari. Anche Dave the Wave offre un modello interessante, e il suo lavoro è spesso visto come la controparte di quello che PlanB ha creato. La tesi di Dave è che Bitcoin segue il suo modello di curva di crescita logaritmica. La crescita logaritmica suggerisce guadagni esponenziali all'inizio che diminuiscono lentamente nel lungo periodo.

Dice che se il bitcoin vale più di 100 mila dollari a dicembre di quest'anno, allora il modello stock-to-flow rimane valido e la sua curva di crescita logaritmica non è valida. Se il bitcoin non riesce a raggiungere questo obiettivo a dicembre, allora si applica ovviamente il contrario. Dave continua a dire che il bitcoin è una valuta emergente, ma che la strada verso il successo non è tutta in salita. Prevede periodi di volatilità in entrambe le direzioni, poiché nuove persone aggiungono liquidità, ma anche la tolgono di nuovo. 'Bitcoin sta seguendo il percorso dell'oro che è stato capitalizzato per centinaia se non migliaia di anni, Bitcoin ha già raggiunto una capitalizzazione di mercato di 1 trilione di dollari in soli 12 anni'.

Se il prezzo del bitcoin segue la sua curva di crescita logaritmica, il bitcoin può aspettarsi un prezzo tra 500 mila e 1 milione di dollari in circa dieci anni.

Spiegazione del suo modello

Cosa stiamo guardando? Questo è un grafico che copre quasi tutta la storia del prezzo del bitcoin, ogni candela rappresenta 1 mese. La parte superiore del grafico mostra il prezzo e le linee blu oblique mostrano la tendenza. Su ogni ciclo Dave inserisce l'indicatore Fibonacci, che sono quelle linee sottili e diritte con quei piccoli numeri.

La sequenza di Fibonacci è una serie di numeri che indica una progressione naturale. È comune in natura ed è anche usata in molti modelli matematici. Anche l'analisi finanziaria non le sfugge. La serie è molto semplice. Comincia da 0 e segue con 1, e oltre, ora ogni

31

numero successivo è la somma dei due precedenti. Per esempio: 0, 1, 1, 2, 3, 5, 8, 13, 21, e così via.

Nei cicli precedenti, il fondo era al livello di Fibonacci 0,618 e deve essere raggiunto prima che il bitcoin possa pensare ad un nuovo massimo storico. Questo livello non è arbitrario, ma è il top del ciclo precedente (20 mila dollari). Bitcoin, secondo questo modello, scenderà a questo livello nei prossimi mesi.

Dave utilizza un altro indicatore per rafforzare questo modello, ovvero il LMACD. Lo puoi vedere nella parte inferiore del grafico ed è una versione modificata del MACD, quindi può essere utilizzato anche su scala logaritmica (da cui la L). L'abbreviazione sta per Moving Average Convergence Divergence. Dove convergenza e divergenza sono belle parole per 'convergere' e 'divergere'.

La linea blu in questo caso è la LMACD e la linea arancione è chiamata linea del segnale. Quindi, la chiave qui è trovare i momenti in cui la linea LMACD e la linea del segnale divergono (divergenza), o convergono (convergenza). Se la linea LMACD scende sotto la linea del segnale, Dave crede che questo segnali che il picco di questo ciclo è stato raggiunto ed è un buon momento per vendere. Al contrario, naturalmente, se la LMACD blu sale sopra la linea di segnale arancione, il fondo è stato raggiunto e il bitcoin può aspettarsi un aumento di molti mesi.

I momenti in cui le due linee si intersecano sono indicati da un cerchio nero.

Cosa ci si può aspettare dal bitcoin?
Quindi il modello di Dave the Wave prevede che il picco di questo ciclo è già stato e che il bitcoin scenderà a 20 mila dollari nei prossimi mesi. È ribassista a breve termine, ma rialzista a lungo termine.

Strategia a lungo termine per il bitcoin?

Così il bitcoin ha avuto un'altra impennata di recente e ora sembra riprendere fiato con un prezzo sopra i 35.000 dollari. Dopo mesi di consolidamento, il bitcoin sembra pronto per una nuova azione di prezzo verde. È il momento di prendere i dati della blockchain per vedere come il mercato ha reagito al primo movimento di prezzo positivo da mesi.

La prima cosa da osservare è il comportamento di vendita degli hodler *(possessori di bitcoin a lungo termine)*. Con l'apparizione di alcune candele verdi, hanno visto la loro possibilità di prendere profitti o stanno tenendo stretto il loro bitcoin? Oltre ad analizzare il sentimento degli hodler *(detentori di bitcoin a lungo termine)*, ci immergiamo anche nel numero di bitcoin sulle principali borse, il che fornisce sempre un quadro interessante.

Gli hodler sono fiduciosi per il futuro?

Dopo un lungo periodo di risultati mediocri per il bitcoin, siamo finalmente saliti come un razzo la scorsa settimana. La grande domanda, naturalmente, è come questo rally è stato ricevuto dai bitcoiners esperti. Sembra che alcuni degli hodler abbiano usato questo trend rialzista per prendere dei profitti. Infatti, più di 1,5 miliardi di dollari di profitti sono stati liquidati sulla blockchain.

Contro questo più di 1,5 miliardi di dollari di profitti realizzati, ci sono stati anche più di 200 milioni di dollari di perdite realizzate. È interessante notare che la statistica aSOPR di Glassnode è stata un buon predittore del prezzo delle azioni negli ultimi tempi. Questa statistica misura il rapporto tra i guadagni realizzati e le perdite nel mercato dei bitcoin che sono stati allo stesso indirizzo per più di un'ora.

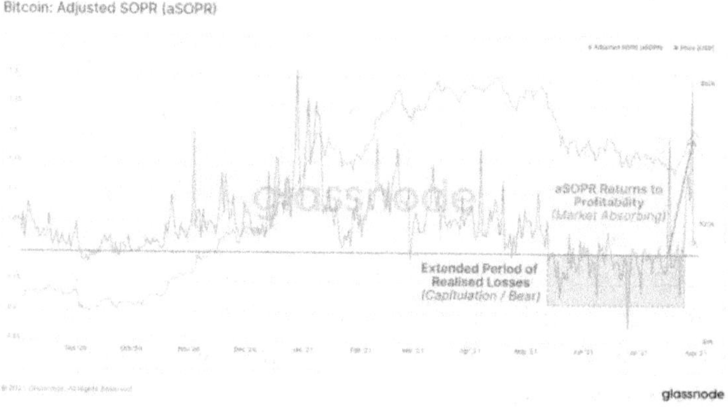

Il valore aSOPR di 1 ha agito come un buon livello di resistenza negli ultimi mesi. Dopo il rally della scorsa settimana, abbiamo rotto saldamente questa barriera. Ora, per quanto riguarda l'aSOPR, sono possibili due scenari. Il primo scenario è che il valore di 1 diventa ora un livello di supporto, il che sarebbe rialzista, e l'altro scenario è che cadiamo attraverso l'1 e gli orsi prendono di nuovo il sopravvento.

Il numero di bitcoin negli scambi continua a diminuire

Questa settimana è stata insolita per quanto riguarda i deflussi di bitcoin negli scambi. Infatti, da novembre dell'anno scorso, non sono scomparsi così tanti bitcoin dai principali exchange come nell'ultima settimana. Infatti, eravamo a un ritmo in cui circa 100.000 bitcoin al mese sarebbero usciti dagli scambi verso i portafogli on-chain degli hodler.

In totale, le principali borse hanno ora solo il 13,2% di tutti i bitcoin in circolazione nei loro portafogli. A questo bisogna anche aggiungere che molti investitori al dettaglio hodge il loro bitcoin con un exchange. Negli ultimi mesi, il bitcoin presso le principali piattaforme di scambio è salito, ma questa tendenza si è ora fermamente invertita di nuovo.

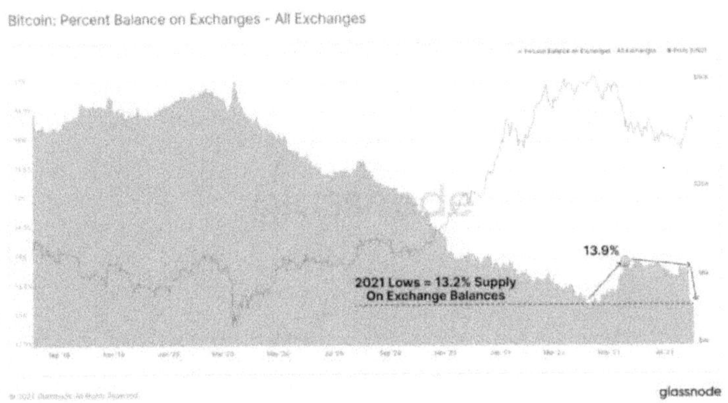

Un altro fatto interessante è la dinamica tra Coinbase e Binance. Per la maggior parte del 2021, Coinbase è stato l'exchange con il maggior numero di deflussi tra i due, e Binance ha anche sperimentato frequenti afflussi. Ora, almeno per Binance, questo sembra essersi invertito, dato che lo scambio ha visto un deflusso di circa 37.500 bitcoin questa settimana. Coinbase ha dovuto accontentarsi di un deflusso di 31.000 bitcoin. È in arrivo un'altra compressione dell'offerta? Non sarebbe una brutta cosa!

Come diventare ricchi con i bitcoin?

Tra 10 anni, quasi tutti i bitcoin saranno minati, il che significa che potresti aver bisogno solo di 0,022 BTC per essere considerato schifosamente ricco. Questo è ciò che sostiene uno scrittore di Omgfin Exchange.

È sufficiente un investimento di 900 dollari
Al tasso attuale di bitcoin, un acquisto di 0,022 bitcoin costa circa 900 dollari a seconda del prezzo attuale, ma lo scrittore dice che le tendenze attuali nella distribuzione globale della ricchezza e l'inevitabile fornitura limitata di bitcoin potrebbe significare che questo potrebbe valere fino a un milione in futuro.

Le opinioni sono divise su questo, a proposito, e non è in realtà rilevante per il resto di questo articolo. A proposito, l'articolo era basato sulla situazione dell'anno scorso, noi useremo gli ultimi numeri conosciuti.

I milionari possiedono il 46% di tutta la ricchezza
Secondo il Global Wealth Report 2021 di Credit Suisse, ci sono 56,1 milioni di individui con un patrimonio netto superiore a 1 milione di dollari. L'indice prende in considerazione la ricchezza di una persona, così come tutte le attività in cui ha investito, sottraendo i debiti e le passività.

Nonostante rappresentino solo l'1% della popolazione mondiale (senza contare i bambini), i milionari possiedono il 46% della ricchezza mondiale.

Secondo la distribuzione della ricchezza individuale di Credit Suisse, 215.300 persone valevano più di 50 milioni. E di queste, altre 68.010 persone valevano almeno 100 milioni, e 5.332 avevano addirittura un patrimonio di più di 500 milioni di dollari.

Distribuzione equa di bitcoin

Attualmente, ci sono 18.775.881 bitcoin estratti, il che significa che ce ne sono altri 2.224.118 in arrivo. In 10 anni, l'offerta sarà di 20,6 milioni, o il 98% dei 21 milioni di monete dell'offerta totale. Si tenga conto anche degli 1,6 milioni di monete (8,78% secondo HodlWaves di Glassnode) che non sono stati toccati per più di un decennio, il che in pratica lascia un limite di 19 milioni di bitcoin per tutti i milionari del mondo.

Quindi ci si ritrova con 0,34 bitcoin per milionario, comprese le monete che devono ancora essere estratte. Per questo esperimento mentale, assumiamo una distribuzione proporzionale tra i soli milionari.

Ma possiamo restringere ulteriormente il campo. Se sottraiamo da questo tutti i bitcoin che non sono stati spostati per cinque anni o più, si rimane con solo 16 milioni di BTC. In questo scenario, ognuno dei milionari del mondo potrebbe possedere solo 0,37 bitcoin ciascuno.

Oltre ai veri milionari, ci sono 583 milioni di individui con un patrimonio compreso tra 100 mila e 1 milione di dollari. Queste persone non dovrebbero essere ignorate come potenziali detentori, anche se il loro potere d'acquisto è inferiore.

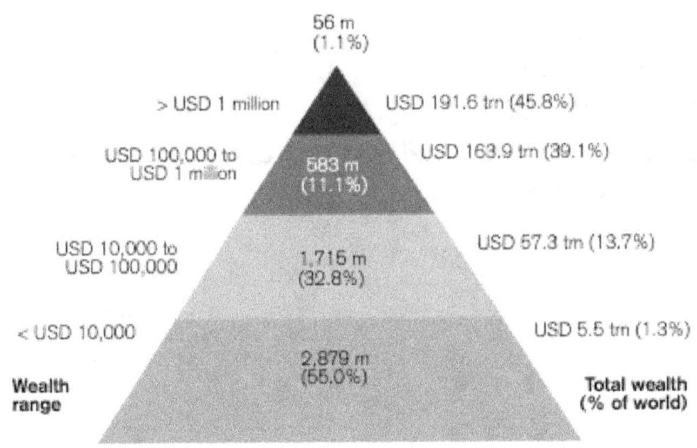

In base alla distribuzione della ricchezza

Supponendo che la quota di ricchezza globale nel grafico sopra rimanga la stessa, i milionari rappresentano 7,3 milioni di monete (45,8%) sullo stock totale di bitcoin (meno le monete perse). Ci sono 56,1 milionari secondo il rapporto, quindi questo equivale a 0,13 bitcoin per milionario.

I restanti 583 milioni di individui che attualmente valgono da 100 mila a un milione potrebbero effettivamente possedere altri 6,3 milioni di monete.

Questo fa un totale di 13,6 milioni di bitcoin, diviso per i milionari, si finisce con 0,022 bitcoin per ogni individuo ad alto reddito.

Cosa si può concludere provvisoriamente con questo esperimento di pensiero? Che con un investimento di 900 dollari in bitcoin al tasso attuale, si può essere in cima alla piramide fiat.

Le migliori criptovalute del 2021

1. Bitcoin

Senza dubbio, Bitcoin è diventato la criptovaluta più popolare e conosciuta nel mondo.

Molti commercianti e aziende accettano già Bitcoin come pagamento. Per esempio, Bitcoin è già accettato come un valido mezzo di pagamento presso Microsoft e Burger Kind.

Bitcoin mira a rimuovere il controllo dalle organizzazioni centrali come le banche centrali e i governi nei sistemi di pagamento. Così, ogni transazione è visibile a tutti.

Bitcoin è un grande progetto su cui diversi team e sviluppatori continuano a lavorare. Uno sviluppatore può fare la sua parte partecipando a progetti di startup.

In questo libro abbiamo discusso le recenti notizie che circondano il bitcoin e cosa aspettarsi per il 2021, tutto sommato è un investimento molto solido per il lungo e breve termine.

A breve termine per fare profitti con il trading attivo e a lungo termine per assicurarsi che una parte dei suoi risparmi sia al sicuro dall'inflazione.

2. Ethereum

Ethereum (ETH) è considerata la criptovaluta più popolare dopo Bitcoin.

Ethereum ha alcune somiglianze con Bitcoin, ma può fare ancora di più.

Vale a dire, i trasferimenti di Ethereum sono più veloci di quelli di Bitcoin e la tecnologia blockchain di Ethereum può gestire più transazioni.

Inoltre, a differenza di Bitcoin, Ethereum supporta anche la tecnologia "smart contract". Questo è un modo sicuro di stipulare accordi digitali senza prima costruire una fiducia reciproca. Bitcoin si concentra solo sulle transazioni digitali.

Ultimo e più importante, Ethereum può anche creare applicazioni centralizzate (dApps). Utilizzando la tecnologia blockchain, queste dApps funzionano su una piattaforma decentralizzata senza autorità centrale.

Per esempio, servizi come Facebook e Whatsapp sono centralizzati. Quindi i tuoi messaggi sono sotto il controllo di queste autorità. Con le dApp, questo non è il caso.

Ethereum è anche visto come una nuova era di internet; un internet che non è controllato da una società o persona e dove gli utenti possono possedere i loro dati.

Aspettativa del prezzo di Ethereum

Stimare l'aspettativa di prezzo di Ethereum è difficile.
All'inizio del nuovo anno, il prezzo è salito alle stelle, ma
come Bitcoin, è anche parzialmente crollato di nuovo.

Ethereum è attualmente in pieno sviluppo. Il numero di
sviluppatori e le collaborazioni stanno crescendo
rapidamente. Alla fine questo potrebbe significare che
più persone useranno Ethereum, il che potrebbe
portare ad un aumento del prezzo. Se questo accadrà
effettivamente non lo sappiamo con certezza.

Una buona influenza sul prezzo sarà l'aggiornamento
discusso nel capitolo più avanti nel libro. vi consigliamo
di leggere per essere sicuri di poter fare una valutazione
corretta su un investimento in Ethereum.

3. Cardano

Cardano è conosciuto come la blockchain di terza
generazione ed è stato fondato dal co-fondatore di
Ethereum. Cardano è quindi molto simile a Ethereum.

Lo scopo di Cardano è quello di realizzare applicazioni
finanziarie che possono essere utilizzate da milioni di
consumatori in tutto il mondo, per esempio da aziende,
consumatori e governi.

Cardano è finora l'unica moneta in cui è stata sviluppata
la blockchain in cui è stata fatta una ricerca scientifica
per vedere dove si trovano i problemi nella pratica.

La blockchain è stata costruita da un team di ingegneri e accademici (esperti del settore).

Cardano è ancora in fase di sviluppo. Quindi non accadrà presto che si possa pagare con Cardano entro un anno.

Differenza Proof of Stake (Pos) e Proof of Work (Pow)
Due tecniche sono utilizzate per convalidare le transazioni:

- Prova di lavoro
- Prova di partecipazione

Come funziona il Proof of work?
La persona che fa più lavoro per risolvere un problema riceve una ricompensa. Questo è chiamato mining. Per convalidare le transazioni, i minatori devono risolvere un puzzle matematico. Con ogni nuovo blocco, il puzzle diventa più difficile e quindi viene consumata più energia.

Esempi: Bitcoin e Litecoin

Come funziona la prova di partecipazione?
La persona con il maggior numero di monete nella rete convalida le transazioni e riceve una ricompensa. Questo tiene anche conto di quanto tempo gli investitori hanno tenuto le monete. Non c'è mining in questo meccanismo, poiché tutte le monete sono già state create.

Esempio: Cardano

Cardano, a differenza di Bitcoin per esempio, funziona con Proof of Stake (PoS). Il vantaggio principale è che è richiesta molta meno potenza di calcolo e quindi viene consumata meno energia per transazione. Di conseguenza, i costi delle transazioni diminuiscono.

I vantaggi per Cardano
Adattabile - Gli aggiustamenti possono essere fatti facilmente. Questo permette alla tecnologia dietro Cardano di essere migliorata in modo relativamente rapido.

Cooperazione normativa - Cardano cerca di prendere in considerazione i regolamenti nei diversi paesi.

Stretto piano futuro - Nel 2021, ci sono molti progetti previsti per questa azienda; migliorare i contratti intelligenti, aggiungere scalabilità e migliorare il processo decisionale.

Svantaggi di Cardano
Il progetto è ancora in fase di sviluppo - Non ci sono molte caratteristiche disponibili in questo momento. Il progetto deve ancora provare se stesso.

Aspettativa futura di Cardano
È anche difficile per Cardano stimare dove sta andando in futuro.

La maggior parte degli esperti sono positivi sul futuro. Infatti, il team di Cardano continua a migliorare la sua blockchain ad un ritmo rapido.

4. Binance Coin

Il Binance Coin funziona diversamente da tutte le altre criptovalute menzionate in questo articolo.

La Binance Coin è la moneta della popolare piattaforma di criptovalute Binance. Su Binance, puoi vendere e comprare tutte le criptovalute conosciute. Usando la Binance Coin sulla piattaforma quando si comprano e vendono criptovalute, si ottiene uno sconto. La Binance Coin è stata lanciata nel luglio 2017 ed è simile al Bitcoin.

Vantaggi della moneta Binance
Basse commissioni di transazione - Usando la moneta di Binance il costo delle tue transazioni è basso.

Distruzione delle monete - Binance brucia le monete ogni tanto. Questo significa che l'offerta si riduce. Se la domanda cresce, allora il prezzo della moneta cresce.

Dipende dalla popolarità di Binance - Il valore della moneta Binance dipende dalla piattaforma Binance. Si prevede che Binance continuerà a crescere nei prossimi anni e così il valore della moneta.

Svantaggi della moneta Binance

Lo sconto scomparirà in futuro - Binance ha annunciato
che lo sconto sulle commissioni di transazione
scomparirà dopo 5 anni.

Previsione del prezzo di Binance Coin
Non è possibile fare una previsione esatta
sull'aspettativa di prezzo per Binance Coin.

Gli esperti ritengono che il prezzo di Binance Coin
aumenterà significativamente nei prossimi anni a causa
della crescente popolarità della piattaforma di scambio.

Vuoi comprare Binance Coin? Quando compri, tieni
sempre d'occhio tutte le notizie su Binance Coin per
eventuali sviluppi.

5. Polkadot

Polkadot è stato fondato da Gavin Wood, co-fondatore
di Ethereum. Era una reazione al lento sviluppo di
Ethereum e quindi ha iniziato la Fondazione Web3.

Polkadot è una rete condivisa multichain che collega più
blockchain in una rete unificata.

Questo permette a queste blockchain indipendenti di
condividere informazioni e transazioni. Gli utenti
possono così combinare informazioni da diverse
blockchain.

L'obiettivo di Polkadot è quello di realizzare un web
completamente decentralizzato in cui gli utenti hanno il

pieno controllo e la proprietà dei loro dati e identità al posto dei monopoli di Internet.

I vantaggi di Polkadot
Meccanismo unico - Polkadot si distingue attraverso un meccanismo condiviso in cui diverse blockchain indipendenti possono lavorare insieme. Così, le applicazioni di Ethereum, Bitcoin e Cardano, per esempio, possono essere utilizzate anche all'interno di Polkadot.

Sharding - L'elaborazione e la verifica delle transazioni non devono essere approvate dall'intera rete ma possono essere distribuite nella rete. Questo rende le transazioni veloci ed economiche.

Personalizzabile - Ogni blockchain può essere personalizzata ed è facile da aggiornare. I team di sviluppo possono così ottimizzare la loro rete in termini di finanza, gioco, IoT, social network ecc. Già 350 progetti stanno costruendo attivamente sulla rete.

Gli svantaggi di Polkadot
Il **giovane progetto** - Polkadot è stato lanciato nel maggio 2020. Quindi il progetto non ha ancora 1 anno.

Il futuro di Polkadot
In pochi mesi, Polkadot è salito relativamente rapidamente, per poi scendere bruscamente tutto in una volta.

Tuttavia, gli esperti credono che l'aumento continuerà nei prossimi anni, ma fare una previsione esatta a lungo termine è difficile nel mercato delle criptovalute.

6. Link a catena

Chainlink è stata fondata nel 2017 dalla società fintech SmartContract. Chainlink vuole rendere i contratti intelligenti disponibili a tutto il mondo.

Chainlink ha risolto un problema che Ethereum incontra. Il problema è che i dati esterni non possono essere incorporati in un contratto intelligente.

Chainlink fornisce un collegamento tra i contratti intelligenti (accordi) e le piattaforme blockchain. Attraverso un oracolo, i dati esterni possono ancora essere elaborati in un contratto.

Un oracolo invia dati esterni (ciò che accade nel mondo reale) alla blockchain, in modo che questi dati possano essere utilizzati.

Chainlink lavora già con SWIFT, Gartner e Google.

I vantaggi di Chainlink
Posizione unica - Non c'è nessun'altra criptovaluta che offre la stessa applicazione di Chainlink.

Adatto a tutte le piattaforme - Funziona sia con Bitcoin, Ethereum ecc. Quindi non importa quale moneta ha più successo.

Connessione al mondo reale - Chainlink permette di collegare il mondo reale e i contratti intelligenti.

Gli svantaggi di Chainlink
Meno affidabile - Usando dati esterni, l'affidabilità è compromessa. Questo perché il proprietario della fonte dei dati esterni può modificare i dati per influenzare il contratto.

Il successo dipende dalle grandi aziende - Perché il progetto abbia successo, le grandi aziende devono collaborare con Chainlink.

Nessun piano futuro - L'azienda non ha pubblicato una roadmap, quindi non è chiaro cosa hanno intenzione di fare nel prossimo anno o anni.

Il futuro di Chainlink
Come altre criptovalute, anche il prezzo di Chainlink è salito e sceso significativamente negli ultimi mesi.

Le aspettative di prezzo di Chainlink da parte degli esperti sono positive. Un esperto di criptovalute dice che Chainlink potrebbe valere fino a 100 dollari entro la fine del 2025.

7. Litecoin

Litecoin è in circolazione dal 2012 ed è stato un punto fermo nella top 10 delle criptovalute da allora. Litecoin è stato fondato da un ex dipendente di Google, Charlie Lee, ed è molto simile a Bitcoin.

L'obiettivo di Litecoin è quello di rendere i pagamenti più veloci ed economici di Bitcoin. Come Bitcoin, utilizza la tecnologia blockchain che mette fuori gioco banche e governi quando si tratta di pagamenti.

Litecoin, come Bitcoin, è anche accettato da alcune aziende come mezzo di pagamento.

I benefici di Litecoin
Decentralizzazione - Le transazioni sono memorizzate sulla blockchain proprio come Bitcoin. Quindi, non c'è un'autorità centrale che controlla Litecoin.

Transazioni veloci - Una transazione con Litecoin avviene dopo 2,5 minuti contro i 10 minuti di Bitcoin.

Transazioni economiche - Inoltre, la tassa media di transazione è di 0,01 dollari. In confronto, Bitcoin ha commissioni di transazione medie di 3 dollari.

Adattabile - I cambiamenti al protocollo possono essere fatti rapidamente.

Gli svantaggi di Litecoin
Usato sul Dark Web - Litecoin è una delle criptovalute più usate sul Dark Web. Questo fatto non è un buon marketing per la moneta.

Il proprietario di Litecoin ha venduto tutti i suoi Litecoin - Charlie Lee ha venduto tutte le sue monete nel dicembre 2017 quando il prezzo era alto. Come risultato, la criptovaluta ha perso credibilità per un certo periodo.

Il futuro finanziario di Litecoin

Le aspettative sul prezzo del Litecoin variano ampiamente, ma quasi tutte sono positive. Come si può vedere, il prezzo del Litecoin è salito significativamente negli ultimi mesi, ed è sceso di nuovo in modo significativo.

Il prezzo del Litecoin dipende fortemente dal prezzo del Bitcoin. Il Bitcoin sta salendo? Allora c'è una buona possibilità che anche il prezzo del Litecoin salga.

8. XRP

Ripple (XRP) si concentra sul consentire pagamenti veloci ed economici attraverso una piattaforma decentralizzata.

È una rete peer-to-peer per i trasferimenti internazionali di denaro e fornisce alle istituzioni finanziarie un protocollo di pagamento digitale.

Invece di mettere le banche fuori mercato, in realtà entra in collaborazioni con varie banche e istituzioni finanziarie. Un gran numero di organizzazioni hanno già sostenuto Ripple, tra cui Santander Bank e American Express.

A differenza di altre criptovalute, Ripple non lavora con la tecnologia blockchain. Ripple ha sviluppato una propria tecnologia per elaborare e verificare le transazioni: Ripple Protocol Consensus Algorithm (RPCA).

Questo ha la caratteristica di rendere le transazioni relativamente economiche e di consumare meno energia.

I vantaggi di Ripple
Transazioni istantanee - Ripple può elaborare pagamenti entro 5 secondi utilizzando una rete di server.

Versatilità - Ripple non sta cercando di sostituire un sistema di pagamento, ma di lavorare con le istituzioni finanziarie. Quindi, può essere usato per scambiare qualsiasi valuta, comprese le criptovalute.

Commissioni di transazione estremamente basse - La tassa di transazione di un pagamento è di 0,0001 dollari. Rispetto ad altre criptovalute, questo è estremamente economico.

Rivolto a istituzioni finanziarie e banche - La tecnologia è destinata a introdurre un nuovo protocollo di pagamento digitale, affrontando i problemi degli attuali sistemi di pagamento.

Gli svantaggi di Ripple
I grandi detentori di token hanno molto potere - La
società possiede fino al 70% delle monete dando loro
una posizione di potere. Quindi, possono da soli causare
il calo o l'aumento del prezzo.

Causa in corso contro Ripple - L'esito di questa causa
può avere un effetto importante sul prezzo di Ripple. Se
c'è un risultato negativo, potrebbe anche significare la
fine di Ripple.

Il futuro finanziario di Ripple
Sfortunatamente, è impossibile fare una previsione del
prezzo futuro per Ripple o altre criptovalute in questo
mercato volatile.

Le aspettative degli esperti sono molto diverse. La metà
non prevede problemi e l'altra metà vede il prezzo
crollare (anche a 0). L'esito del caso giudiziario avrà un
impatto sul prezzo. Questo risultato è atteso prima del
16 agosto 2021.

Bitcoin contro Ethereum

Qual è la differenza e quale criptovaluta ha il futuro più promettente?

Prima abbiamo spiegato come Bitcoin ha un enorme potenziale a lungo termine, ma come fa a reggere il confronto con il numero 2. Dovresti investire in entrambe le monete?

Bitcoin ed Ethereum sono le due criptovalute più grandi per capitalizzazione di mercato. I coinvestitori spesso scelgono di tenere solo una delle due nel loro portafoglio. Nonostante questo approccio, queste criptovalute sono ancora molto diverse. Quali sono le maggiori differenze? Perché la gente crede in una e non nell'altra? Alcuni esperti del settore hanno fatto luce

sulla questione.

Il bull-run di Ethereum nell'ultimo anno

Il 2021 ha finora dimostrato di essere l'anno di Ethereum. La seconda criptovaluta si sta rapidamente avvicinando alla capitalizzazione di mercato del Bitcoin. Per esempio, con una capitalizzazione di mercato di 501 miliardi di dollari, la moneta ha più valore della banca d'investimento statunitense JP Morgan al momento della scrittura.

Eppure, il più grande sfidante di Bitcoin ha una lunga strada da percorrere se vuole superare la capitalizzazione di mercato di Bitcoin (attualmente a 1.000 miliardi di dollari). Recentemente, 1 Bitcoin valeva un enorme 13,25 Ethereum.

Cos'è esattamente Ethereum?

La moneta Ethereum (ETH) è una delle monete con la maggiore capitalizzazione di mercato. Un'alta capitalizzazione di mercato di solito indica che c'è molta fiducia in una particolare moneta, e la moneta Ethereum, come Bitcoin, ha molta fiducia.

Mentre gli investitori sono scettici sul futuro di Bitcoin, il futuro della moneta Ethereum sembra essere luminoso per il momento. Infatti, il prezzo della moneta Ethereum è aumentato di oltre il 3000 per cento nel 2017.

Naturalmente, la domanda è sempre se vale la pena investire in questa moneta virtuale. Per essere in grado di rispondere a questa domanda da soli, questa pagina spiegherà il principio della moneta. In questo modo potrai farti un'idea di che tipo di moneta è e come si vede il futuro di Ethereum.

In cosa differisce da Bitcoin?

Dove Ripple, per esempio, si concentra sul rendere le transazioni più veloci per il mercato finanziario, la moneta Ethereum si concentra sull'uso delle applicazioni. Il principio della tecnologia Ethereum è quello di creare una situazione in cui le applicazioni possono essere utilizzate senza l'intervento di un'autorità centrale. Le applicazioni che utilizzano questa tecnologia sono anche chiamate DApps (o App decentralizzate). Il vantaggio principale delle applicazioni che utilizzano la tecnologia Ethereum è che fondamentalmente non c'è più perdita di dati, manipolazione dei dati, censura all'interno dell'applicazione o tempi di inattività dell'applicazione.

Il prezzo della valuta Ethereum è determinato da più di una semplice domanda e offerta tra gli investitori. Il prezzo dipende molto di più dall'uso che viene fatto delle DApps. Un gran numero di aziende in tutto il mondo supporta il concetto di Ethereum. Di conseguenza, non è sorprendente che il valore della valuta sia aumentato drasticamente nel 2017.

Nel mercato delle criptovalute, Ethereum è ancora una moneta relativamente nuova. Il prezzo di Ethereum è aumentato costantemente dalla sua nascita nel 2015. Nel 2017, il prezzo di Ethereum è aumentato di oltre il 3000%. Questo aumento è stato facilmente spiegato dal fatto che più aziende internazionali hanno espresso interesse per Ethereum.

Multinazionali come ING, Microsoft, BP e Deloitte, per citarne alcune, hanno già aderito alla Enterprise Ethereum Alliance (una partnership fondata da Ethereum). Le più grandi aziende del mondo sono sempre più interessate a collaborare con Ethereum. Quando più grandi aziende usano la rete Ethereum, più fiducia c'è nella valuta. Una maggiore fiducia, naturalmente, si traduce in un tasso di cambio più elevato.

L'acquisto di monete Ethereum è simile all'acquisto di Bitcoin. Ethereum è collegato a tutti i ben noti "scambi di criptovalute", rendendo estremamente semplice l'acquisto della moneta con altre criptovalute.

L'acquisto di Ethereum è simile all'acquisto di Bitcoin. Ethereum è collegato a tutti i ben noti "scambi di criptovalute", rendendo estremamente semplice l'acquisto della moneta con altre criptovalute.

Le monete Ethereum possono anche essere acquistate con dollari attraverso una serie di fornitori internazionali. Poiché non tutti gli scambi applicano una tassa di transazione ragionevole, è meglio attenersi alle parti più note. Il trucco per acquistare monete Ethereum è, naturalmente, aspettare il momento giusto per comprare. Molti investitori comprano le monete quando sono sul punto di scendere di valore.

La criptovaluta Ethereum è relativamente stabile (per quanto una criptovaluta possa essere stabile). Nonostante il fatto che la moneta sia relativamente stabile, investire in criptovalute è sempre rischioso.

Di conseguenza, investite in Ethereum solo con fondi che potete permettervi di perdere. Molte persone credono che sia necessario acquistare monete Ethereum intere; tuttavia, questo non è il caso. Puoi anche acquistare una mezza moneta o meno.

Le monete Ethereum possono essere depositate utilizzando un portafoglio online o offline. Per il deposito online di monete Ethereum, hai un gran numero di fornitori di portafogli online tra cui scegliere.

Ethereum può essere acquistato online attraverso scambi come Binance. Poiché le monete Ethereum hanno un valore relativamente alto, sempre più persone scelgono di tenere le loro monete al sicuro offline. Puoi anche scegliere tra un portafoglio hardware e un portafoglio mobile.

NFT e Ethereum

Uno dei motivi per cui Ethereum potrebbe vedere un buon aumento di prezzo nei prossimi anni è a causa degli NFT (token non fungibili).

Gli NFT sono diventati selvaggiamente popolari in poco tempo, anche tra gli artisti che sperano di guadagnare qualche spicciolo in tempi di incoronazione. O spiccioli? Alcune opere d'arte NFT passano di mano per milioni.

Il clamore intorno ai token non fungibili sta attirando i nuovi arrivati nel mondo delle criptovalute. Sono curiosi di sapere cosa sono gli NFT o sperano di diventare ricchi velocemente commerciando in arte digitale.

Le vendite di NFT si svolgono principalmente sulla piattaforma Ethereum, come Bitcoin una rete decentralizzata basata sul concetto di blockchain. Ma il solo fatto di avere un portafoglio digitale pieno di ether - una delle criptovalute più popolari - non ti porta a questo.

Se vuoi leggere di più sull'arte NFT e sul trading di NFT puoi controllare il nostro libro sull'argomento.

Riassunto:

- Ethereum è una piattaforma decentralizzata che utilizza la tecnologia blockchain sperimentata dal misterioso Satoshi Nakamoto - uno pseudonimo - creatore di Bitcoin.
- Mentre Bitcoin ha scoperto un modo per trasferire valore digitalmente, direttamente da persona a persona, Ethereum sta adottando un approccio diverso", scrive il sito di nicchia BTC.direct. Si dice che la rete Ethereum sia la base di un nuovo tipo di Internet. È importante notare che l'ecosistema Ethereum serve come base per lo sviluppo di applicazioni decentralizzate (DAPPs) e contratti intelligenti.
- I DAPP sarebbero molto più rispettosi della privacy e sicuri delle attuali applicazioni Internet centralizzate. Sono anche incensurabili.

Come vedono il futuro i grandi investitori di Ethereum?

Tally Greenberg, capo dello sviluppo del business presso la società di software Allnodes ha quanto segue da dire su Ethereum:

Il vantaggio tecnologico e l'utilità dell'ecosistema Ethereum è molto più grande di quello di Bitcoin, e penso che anche gli investitori stiano cominciando a vederlo. Attualmente ci sono più di 75 miliardi di dollari investiti in progetti DeFi sulla blockchain di Ethereum - solo un mese fa erano 40 miliardi di dollari. Solo i contratti intelligenti supportati dalla rete offrono possibilità infinite e dovrebbero essere sufficienti per Ethereum per avere un vantaggio competitivo su Bitcoin".

Steve Ehrlich, CEO e fondatore del brokeraggio di criptovalute Voyager Digital:

"Credo che Ethereum offra prospettive migliori grazie alla sua utilità, funzionalità ed ecosistema". I clienti di Voyager (broker di criptovalute, ndr) che possiedono sia Bitcoin che Ether hanno iniziato a detenere più Ether negli ultimi mesi. Stiamo anche vedendo che i nostri investitori più grandi stanno diventando più a loro agio con il profilo di rischio/ricompensa di Ether. La blockchain di Ethereum sta alimentando l'ecosistema più sviluppato per la finanza decentralizzata e le NFT, che stanno diventando sempre più popolari. Ethereum riceverà anche un -interessante- aggiornamento nel prossimo futuro".

"C'è l'anticipazione che ETH sarà riconosciuto dagli investitori istituzionali", **dice Megan Kaspar, amministratore delegato della società di investimenti cripto Magnetic.**

"Ether, credo, guadagnerà trazione. Quando gli investitori diventeranno consapevoli delle opportunità tecnologiche, i flussi di capitale si sposteranno su Ether. Nel lungo periodo, le analisi tecniche e fondamentali mostrano che Ether ha un potenziale di rialzo più alto di Bitcoin. "

Qual è la differenza tra Bitcoin ed Ethereum?

La rete Ethereum permette agli sviluppatori di costruire le proprie applicazioni decentralizzate; Bitcoin non ha questo.

Un'altra differenza è che il creatore di Ethereum è noto, mentre quello di Bitcoin no.

L'offerta determina il prezzo del Bitcoin (a differenza della valuta fiat, la fornitura di Bitcoin è scarsa e finita). Con Ether, invece, ci sono altri fattori in gioco: per esempio, la rete permette alle start-up di emettere un token per il proprio progetto blockchain.

In questo momento, gli investitori dovrebbero avere sia Bitcoin che Ethereum nei loro portafogli.

Bitcoin ha una forte possibilità di rimanere il principale asset crittografico del mondo, mentre Ethereum ha una forte possibilità di diventare la principale piattaforma di sviluppo software distribuito del mondo.

Di conseguenza, se vuoi ottenere il massimo dal tuo portafoglio, **investi in entrambi ora.**

65

L'aggiornamento per Ethereum nel 2021

Il 5 agosto è la data: il tanto atteso aggiornamento della rete Ethereum andrà avanti. Inizialmente doveva avvenire il 4 agosto, ma il progetto è stato ritardato di un giorno.

L'aggiornamento è chiamato "London hardfork" e sarà eseguito sul blocco numero 12.965.000 della blockchain di Ethereum.

Alcuni miglioramenti a lungo attesi, chiamati Ethereum Improvement Proposals, saranno implementati. Il più noto di questi è il controverso EIP-1559.

Ci sono quattro cose che devi sapere sul prossimo aggiornamento della rete Ethereum.

1. EIP-1559 dovrebbe rendere i costi di transazione più prevedibili
I costi delle transazioni sulla rete Ethereum sono aumentati astronomicamente dall'inizio di quest'anno, in parte a causa della crescente popolarità della finanza decentralizzata, o DeFi. Questa sostituisce una serie di istituzioni finanziarie centralizzate e regolamentate con sistemi decentralizzati e prodotti generalmente costruiti sulla blockchain di Ethereum.

Gli sviluppatori di Ethereum vogliono risolvere i crescenti costi di transazione con una serie di cambiamenti.

Nel sistema attuale, gli utenti devono pagare una tassa per poter effettuare una transazione. Sono loro a decidere quanto sia alta questa tassa (anche se c'è un importo minimo). Più si paga, più velocemente avviene la transazione. Gli utenti fanno offerte l'uno contro l'altro.

Questo può portare a costi elevati, perché il valore dell'etere in euro o in dollari può fluttuare notevolmente. C'è un certo tempo tra il piazzamento di una transazione e la sua elaborazione. Se il valore dell'etere è aumentato considerevolmente durante questo periodo, questo può portare a costi imprevisti.

Il 5 agosto è la data: il tanto atteso aggiornamento della rete Ethereum va avanti. Inizialmente doveva avvenire il 4 agosto, ma il progetto è stato ritardato di un giorno.

L'aggiornamento è chiamato "London hardfork" e sarà eseguito sul blocco numero 12.965.000 della blockchain di Ethereum.

Alcuni miglioramenti a lungo attesi, chiamati Ethereum Improvement Proposals, saranno implementati. Il più noto di questi è il controverso EIP-1559.

1. EIP-1559 dovrebbe rendere i costi di transazione più prevedibili
I costi delle transazioni sulla rete Ethereum sono aumentati astronomicamente dall'inizio di quest'anno,

in parte a causa della crescente popolarità della finanza decentralizzata, o DeFi. Questa sostituisce una serie di istituzioni finanziarie centralizzate e regolamentate con sistemi decentralizzati e prodotti generalmente costruiti sulla blockchain di Ethereum.

Gli sviluppatori di Ethereum vogliono risolvere i crescenti costi di transazione con una serie di cambiamenti.

Nel sistema attuale, gli utenti devono pagare una tassa per poter effettuare una transazione. Sono loro a decidere quanto sia alta questa tassa (anche se c'è un importo minimo). Più si paga, più velocemente avviene la transazione. Gli utenti fanno offerte l'uno contro l'altro.

Questo può portare a costi elevati, perché il valore dell'etere in euro o in dollari può fluttuare notevolmente. C'è un certo tempo tra il piazzamento di una transazione e la sua elaborazione. Se il valore dell'etere è aumentato considerevolmente durante questo periodo, questo può portare a costi imprevisti.

Gli sviluppatori di Ethereum stanno anche lavorando sul cosiddetto sharding: dividere la blockchain in più catene. Questo dovrebbe aumentare notevolmente la velocità delle transazioni e la capacità della rete.

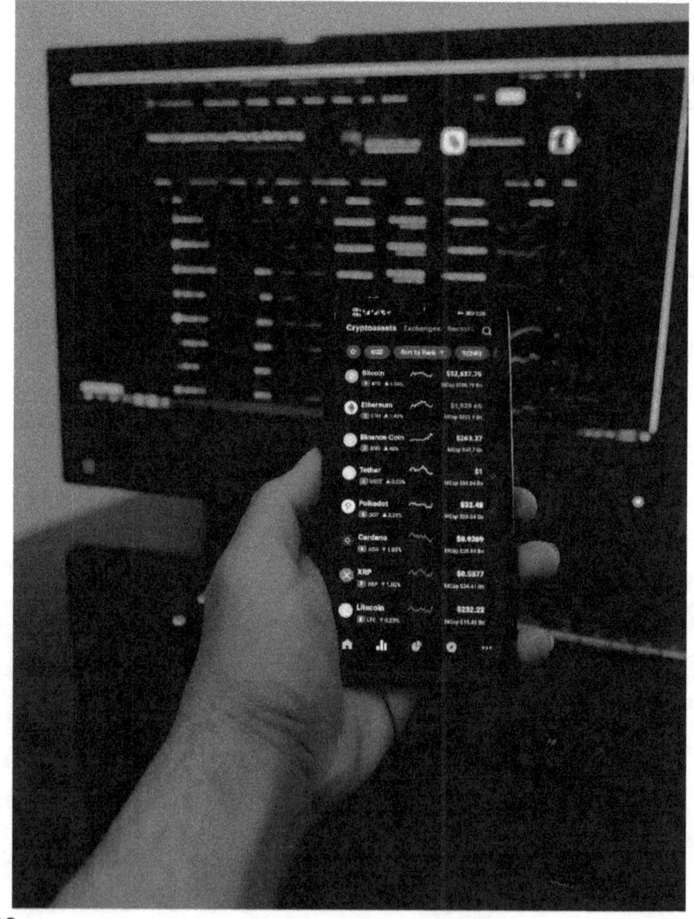

Perché Ripple riceve attenzione?

Oltre al Bitcoin, ci sono una pletora di altre criptovalute che possono essere molto più lucrative in termini di rendimenti del ben noto Bitcoin. Ripple (XRP), è una delle criptovalute con un massiccio market cap. Dalla fine del 2017, il prezzo della valuta Ripple è aumentato drammaticamente, e continua a fluttuare significativamente fino ad oggi.

Vi starete chiedendo: "Il Ripple è una buona moneta su cui investire?". Al fine di fornire una risposta soddisfacente, approfondiremo tutto ciò che riguarda il Ripple in questo capitolo.

Cos'è Ripple?

Cominciamo rispondendo alla domanda: "Cos'è Ripple?" Le criptovalute sono state sviluppate all'indomani della crisi economica, in parte per ridurre l'influenza delle banche sulle transazioni economiche. Mentre la maggior parte delle criptovalute oggi basano ancora i loro profili su questo concetto, la moneta Ripple non lo fa. Ripple, invece, è una moneta centralizzata progettata per consentire alle istituzioni finanziarie (comprese le banche) e alle transazioni internazionali di essere completate più rapidamente.

Ripple sta già lavorando a una soluzione di sistema di pagamento per gran parte del traffico bancario di Santander, Reise Bank, BBVA, Bank of America e

UniCredit, tra gli altri. Hanno già una quota del 40% nel sistema di pagamento per le banche in Asia.

La tecnologia di Ripple dovrebbe suscitare l'interesse di un numero crescente di banche. Di conseguenza, il numero di banche che utilizzeranno questa tecnologia è destinato a crescere rapidamente.

Certo, "accelerare le transazioni internazionali" non suona molto chiaro in questo momento. Il principio della tecnologia Ripple sarà spiegato più dettagliatamente con un breve esempio: C'è una differenza di valuta quando un cliente vuole fare una transazione da una banca spagnola (per esempio, Santander) a una banca americana (per esempio, Bank of America).

Il cliente spagnolo trasferisce l'importo in euro, e questo arriva in dollari alla banca americana. Per effettuare queste transazioni, Santander Bank ha un conto con Bank of America e Bank of America ha un conto con Santander bank, i cosiddetti conti nostro e vostro.

Effettuare un pagamento spagnolo in una banca statunitense richiede molto tempo a causa dei molti collegamenti in questo processo. Ripple si concentra sulla velocizzazione di questo processo, completando le transazioni in valuta Ripple.

Fare un pagamento ora non richiede più diversi giorni, ma solo pochi secondi. Non solo questo riduce i costi di transazione per le banche, ma i clienti delle banche

possono anche completare le loro transazioni più
velocemente.

La causa Ripple

La SEC ha presentato una causa a sorpresa contro Ripple e due dei suoi dirigenti, il co-fondatore Chris Larsen e il CEO Brad Garlinghouse, a dicembre. Il regolatore sostiene che continuare a vendere XRP agli investitori individuali viola le leggi sui titoli.

La SEC spera di rafforzare il suo caso dimostrando che Ripple ha manipolato intenzionalmente l'aspettativa di prezzo della criptovaluta XRP con annunci strategicamente tempestivi.

Finora, l'analisi di Larsen e Garlinghouse dei portafogli di criptovalute ha rivelato che massicce quantità di XRP sono state consegnate a scambi basati sul suolo straniero. Tuttavia, Ripple "non ha consegnato alcun documento di conto delle attività digitali non basato negli Stati Uniti o altrimenti spiegare il significato di questi trasferimenti XRP", secondo la lettera della SEC.

"Anche se la SEC ha anche tentato di ottenere queste informazioni direttamente da Ripple, Ripple ha recentemente informato la SEC che neanche Ripple le ha, lasciando l'unica via di indagine all'estero", spiega la lettera.

Tuttavia, sembra che le indagini non siano iniziate bene, con richieste a nove diversi regolatori stranieri che tornano a mani vuote. Secondo la lettera, due regolatori hanno rifiutato di aiutare, e altri tre hanno rifiutato di permettere alla SEC di pubblicare le loro comunicazioni. Solo un regolatore ha suggerito che la SEC potrebbe usare le conversazioni tra le due parti per rafforzare il suo caso.

Se la corte concede la mozione di Ripple, la SEC sarebbe tenuta a fare richieste di cessazione e desistenza ai regolatori stranieri, terminando effettivamente questa linea di indagine.

11:20
Bitcoin
$36,588.28
-0.02%
$38,769.84

Qual è il prezzo di Ripple?

Ora che abbiamo coperto i fondamentali e le recenti notizie riguardanti la causa contro Ripple, andiamo al fondo della questione: Qual è il prezzo di Ripple? Ripple è stata fondata nel 2012 con l'obiettivo di accelerare le transazioni finanziarie. Mentre il prezzo era inizialmente stabile (basso), dalla fine del 2017 è aumentato significativamente.

Ripple è diventata una società da un miliardo di dollari quasi immediatamente come risultato dell'aumento del prezzo. I proprietari di Ripple gestiscono ancora una grande parte della capacità di mercato, quindi il pubblico ha solo una quantità limitata di capacità di mercato.

L'aumento del prezzo può essere spiegato dal fatto che Ripple ha stipulato un contratto con una serie di grandi clienti nel mondo finanziario. Questi includono clienti come Bank of America e Royal Bank of Scotland. Inoltre, Ripple ha il sostegno di molte multinazionali, tra cui Google. Nel gennaio 2018, il prezzo si è attestato per la prima volta a 3,10 dollari per Ripple.

L'aumento del prezzo può essere spiegato dal fatto che Ripple ha firmato contratti con una serie di grandi clienti finanziari. I clienti includono Bank of America e la Royal Bank of Scotland. Inoltre, Ripple ha l'appoggio di molte multinazionali, tra cui Google. Nel gennaio 2018, il prezzo era di 3,10 dollari per Ripple.

Come comprare Ripple

Sei già un po' eccitato? Allora ti starai chiedendo: dove posso comprare Ripple? All'inizio era difficile comprare Ripple con dollari o euro. Fortunatamente, recentemente sono emerse sempre più opzioni per questo.

Quando si acquistano monete Ripple con dollari, ci sono spesso alte commissioni di transazione. È quindi consigliabile convertire prima i dollari in una valuta digitale più comune (per esempio, Bitcoin (BTC) o Ethereum (ETH) e poi acquistare le monete Ripple attraverso uno scambio come Binance.

Come sviluppare la tua strategia di trading

Come dovresti sviluppare la tua strategia di trading Crypto? Naturalmente con l'aiuto di Stellar Moon Publishing! Una buona strategia di trading di criptovalute ti dà una mano, concentrazione, tranquillità e non ultimo: una deliziosa quantità di profitto. Poiché sospettiamo che questo sia di interesse per molti, oggi daremo uno sguardo più profondo agli elementi che determinano una strategia di trading definitiva.

Non esiste un'unica strategia di trading che funzioni per tutti. Una strategia di trading avrà successo solo quando sarà in sintonia ottimale con te come persona, che tipo di trader sei, il tuo capitale, il tuo profilo di rischio, ecc. Ecco perché guardiamo specificamente agli elementi di base.

In questo modo arriverai a una strategia di cripto trading che ti corrisponde da vicino come persona, con tutte le opportunità e i rischi che si adattano a chi sei e a che tipo di trader vuoi essere. Sei curioso? Andiamo!

Attenzione: tenete presente che la seguente spiegazione sullo sviluppo di una strategia di trading Crypto e la spiegazione di questa non deve in alcun modo essere interpretata come un consiglio.

La scelta se e in che modo vuoi fare trading di cripto e quali scelte farai per quanto riguarda l'acquisto e la vendita spetta a te e solo a te.

Cos'è esattamente una strategia di cripto trading?
Una strategia di trading di criptovalute è un piano personale elaborato in precedenza a cui ci si impegna durante il trading. In breve, si tratta di linee guida o regole a cui ci si attiene durante il trading.

Così facendo eviterai salti folli, acquisti e vendite impulsive, perdite significative che non puoi coprire, emozioni che prendono il sopravvento su di te e la sensazione di essere "fuori posto" con i tuoi metodi di trading.

Una strategia di trading non è solo una linea guida quando si vuole prendere una posizione (comprare) o chiudere una posizione (vendere), ma si concentra anche su elementi molto meno tangibili come un profilo di rischio personale o una preferenza personale riguardo ai timeframe.

Tuttavia, non è il semplice sentimento e la preferenza a farla da padrone. Al contrario. Molti elementi di una strategia di trading di successo si fondano su dati, cifre, analisi, grafici e modelli di previsione (e indicatori di trading) solidi come la roccia. Allora, ti piace l'analisi statistica? Allora puoi divertirti molto a mettere giù e a scegliere una strategia di trading di successo.

Cosa rende una strategia di trading di successo?
La strategia di trading definitiva ha alcune caratteristiche estremamente importanti. Ne elenchiamo alcune per voi.

Una strategia di trading di successo:

- è aggiornato
- è personale
- è in linea con un'analisi tecnica (corretta)
- si adatta al tuo profilo di rischio

Siamo sicuri che ci sono altre caratteristiche da inventare, ma può essere chiaro che una buona strategia di trading oggi, può essere letteralmente inutile domani. Può anche essere chiaro che la strategia di trading che funziona benissimo per la prima persona, ma questa strategia di trading non funzionerà per qualcun altro, perché lei è un tipo di trader completamente diverso.

Ecco perché è anche rischioso investire (molto) denaro per una strategia di trading di qualcun altro, perché questa strategia non tiene conto della tua situazione e delle tue preferenze. Puoi trovare innumerevoli video di (presunti) daytraders, forex traders e crypto traders di successo, che condividono la loro strategia di trading definitiva con te su YouTube.

A volte per molti soldi, a volte gratis. A volte come esperto, a volte come hobby. La consulenza gratuita non è necessariamente peggiore di quella costosa.

Ma vuoi la migliore strategia di trading che ti si addica così bene e che tenga conto di tutto ciò che vuoi mettere nel trading di criptovalute e raggiungere? Allora dovrai metterci tu stesso il tempo e l'energia. E onestamente: raggiungere il successo su qualcosa che hai costruito e inventato tu stesso è la migliore sensazione del mondo. Ma quali sono allora gli elementi importanti in una strategia di trading di successo?

Elementi chiave di una strategia di trading di successo

I nostri esperti di criptovalute applicano generalmente questi 6 elementi chiave che, a nostro avviso, rientrano in una strategia di trading di successo. Essi forniscono una base solida, sono flessibili e garantiscono un carattere dinamico in modo che la strategia di trading sia e rimanga sostenibile. Li elencheremo di seguito e poi li spiegheremo brevemente.

1. **Regole di trading**
2. **Gestione del rischio**
3. **Tempi di trading**
4. **Analisi tecnica (TA)**
5. **Test sul retro**
6. **Reinventare se stessi**

#1: Regole di trading

Le regole del trading sono regole che tu imponi a te stesso. Una strategia di cripto trading di successo si regge o cade con la disciplina che eserciti successivamente se ti attieni o meno a queste regole. Se noti che non ti stai attenendo alle tue regole, correrai un rischio maggiore di avere sorprese e rischi che potrebbero rivelarsi negativi. Con le regole del trading puoi pensare alle seguenti regole, per esempio:

Non posso mai avere più del X% del mio capitale in posizioni aperte.

Abbasso quella percentuale di X% dopo 3 trade perdenti di fila.
Posso entrare in uno scambio solo se è stato annotato nel mio giornale di bordo.
Uso uno stop-loss di massimo X% del mio prezzo di acquisto.

A seconda del tuo profilo di rischio (calmati, ancora dieci secondi di pazienza), puoi riempire un numero al posto della X che corrisponde al tipo di trader che sei.

Maggiore è il rischio che osate correre, maggiori possono essere i vostri profitti o le vostre perdite. Tuttavia, è saggio non lasciare che superino il 3% nel caso dei primi 2 punti.

#2: Gestione del rischio

La gestione del rischio (o il tuo profilo di rischio) è, tra tutti questi elementi, quello più in linea con il livello personale della tua strategia di trading.

Una persona è enormemente avversa al rischio, l'altra persona al contrario ama il brivido e ama esplorare i limiti. Come regola generale vale: più rischio si prende, più grandi possono essere i profitti o le perdite. Al contrario, meno rischio si prende, più piccoli possono essere i profitti o le perdite.

Investite solo con una certa percentuale dei vostri risparmi? O con tutti i vostri risparmi? O con tutti i soldi che possiedi? O addirittura fai un'ipoteca extra sulla tua casa e poi inizi a fare trading con ogni centesimo che possiedi e che rappresenta un valore?

Come capirai, il rischio che corri in ognuna delle situazioni sopra menzionate varia molto.

Con ogni scambio dovreste porvi la domanda: Cosa succederà se perdo completamente questo deposito? Posso perdere questi soldi? Cosa farei in quel caso?

#3: Trading Timeframes
Va da sé che una strategia deve anche adattarsi al tipo di trader che sei. Distinguiamo brevemente tre diversi tipi di trader:

Day trader *(diverse operazioni al giorno)*
Swing trader *(scambi aperti per giorni, settimane o mesi)*
Investitore *(trader a lungo termine / HODL'er)*

Mentre un day trader guarda costantemente i numeri per individuare ogni sottile cambiamento di prezzo e opportunità o minaccia, un investitore passerà principalmente molto tempo a cercare quell'ultima opportunità a lungo termine che sembra promettente e poi lascerà il suo investimento da solo per un periodo più lungo. Uno swing trader è un po' una via di mezzo.

Un day trader non corre più o meno rischi di un investitore, è solo una forma che è molto più intensa, ma per questo può anche rendere di più. Alcuni trader scelgono anche una doppia strategia di trading, che ha come obiettivo una componente di investitore (per esempio HODL su Bitcoin) e una componente di day o swing trader in cui c'è un trading attivo (sulle Altcoin per esempio).

Quindi è importante determinare da soli che tipo di trader siete e quali tempi sono importanti per voi da seguire.

Per un day trader, ad esempio, questi timeframes sono le 4 ore, 1 ora e 15 minuti, mentre per uno swing trader questi timeframes sono 1 mese, 1 settimana e 1 giorno. Ma anche diversi day trader possono usare diversi timeframe. Anche qui è di nuovo molto personale.

#4: Analisi tecnica (TA)

L'elemento numero quattro ha una forte connessione con il primo, le regole di trading. In questo elemento determinerai principalmente sulla base di quali indicatori, candele, modelli, ecc. prenderai o venderai le tue posizioni.

Le domande che vi farete rientrano nelle categorie:

- **Quali indicatori devono dare il via libera prima che io possa prendere una posizione?**
- **Quali indicatori dovrebbero dare un segnale negativo prima di vendere una posizione?**
- **Quali candele sono decisive per me nel determinare il momentum?**

- **In quali criptovalute investirò o ignorerò deliberatamente?**

Anche l'analisi tecnica è fortemente legata al quinto elemento. O forse il quinto elemento è solo parte dell'analisi tecnica.

#5: test sul retro

Il back testing è una tecnica o un'attività in cui puoi testare come quelle variabili si sarebbero comportate in passato sulla base di variabili che tu stesso hai impostato. Anche se i risultati passati non sono una garanzia per il futuro, aggiunge valore per determinare se si sta pensando nella giusta direzione con certe regole di trading.

Il backtesting è quindi un modo eccellente per progettare, ottimizzare o buttare via una strategia di cripto trading concepita.

#6: Reinventarsi

Una volta che hai trovato la tua strategia di trading definitiva con gli elementi da 1 a 5, è il momento di trarne i massimi benefici. Quindi utilizza questa strategia (all'interno del tuo profilo di rischio) il più spesso possibile per massimizzare i tuoi profitti. Come accade prima che tu te ne accorga, la tua strategia è stata superata e dovresti ricominciare tutto da capo.

Ecco perché c'è anche l'elemento numero 6. Una strategia che non ha funzionato in passato può

improvvisamente rivelarsi una miniera d'oro in futuro.
Una strategia che funziona brillantemente per il tuo
vicino non deve necessariamente funzionare per te.
Resta sempre critico sugli sviluppi del mercato e sul loro
effetto sulla tua strategia. E osate affinare la vostra
strategia nel mezzo, dove possibile.

La migliore metafora che possiamo usare per questo è
la metafora del taglialegna. Puoi tagliare molti più alberi
come boscaiolo se non continui a tagliare alberi tutto il
giorno, ma se ti prendi una pausa ogni tanto per
rilassarti e rimanere lucido.

Come scegliere la giusta strategia di trading?
Se stavate sperando in un "trucco facile" con il quale
potreste diventare spudoratamente ricchi, allora
purtroppo abbiamo cattive notizie per voi. Non esiste
un trucco facile o tutti lo farebbero. Certo, potreste
sempre imbattervi inaspettatamente in un'enorme
manna o in un fortunato sviluppo del mercato, ma
questa sarebbe più fortuna che saggezza.

Una corretta strategia di cripto trading è fatta su
misura, ed è strettamente legata alla tua situazione
personale. Ecco perché non puoi sempre usare le
strategie di trading "perfette" di altri trader. Tuttavia,
non sono completamente inutili o inutilizzabili.
Soprattutto usale per trarre ispirazione. Per vedere
come altri hanno sviluppato la loro strategia e
successivamente implementarla nella pratica. Imparare

dai loro successi ed errori. E usarli tutti nella propria strategia di trading.

Prova ed errore. Mettete qualcosa sulla carta, iniziate, aggiustate, testate, aggiustate ancora, continuate a ottimizzare e perfezionare. È così che arriverete alla giusta strategia di trading che fa per voi.

Vantaggi e svantaggi di lavorare con le strategie di trading

Dove normalmente ci piace optare per un riassunto di un certo numero di pro e contro attraverso diversi punti elenco, oggi lo terremo breve e semplice. Naturalmente, ci sono vantaggi nelle strategie di trading, altrimenti non avremmo mai iniziato a scrivere questo libro, ma ci sono anche svantaggi. Li riassumeremo brevemente per voi.

Vantaggi

Il più grande vantaggio delle strategie di trading è naturalmente la loro struttura. Sai quando devi fare qualcosa, perché lo stai facendo e cosa ti aspetta. Ti dà un focus e una direzione. Assicura che sia il tuo cervello razionale a pensare invece delle tue emozioni. Inoltre, con un diario di trading costruisci una storia.

Hai una base in cui tieni traccia di quali trade si sono rivelati di successo per te, o meno. E un tale documento vale oro per ricadere nei momenti in cui hai ancora dei dubbi.

Svantaggi

Elaborare e mantenere una strategia di trading richiede molto tempo.

A parte questo può succedere - certamente all'inizio - che ti trovi di fronte a una fase che chiamiamo "consapevolmente incompetente". In questa fase scoprirai effettivamente quanto c'è ancora da sapere.

Ma stai tranquillo, anche questa fase passerà (abbastanza presto). E sulla base delle nuove esperienze sarai in grado di mettere a punto la tua strategia di cripto trading e renderla ancora migliore.

Strategie di investimento in criptovalute

Una buona strategia da applicare per detenere Bitcoin o altre criptovalute è quella di investire solo denaro di cui non si ha bisogno a breve termine. Bitcoin per esempio, nel suo stato attuale è ancora estremamente volatile, e se si segue il suo corso da vicino, e aspettandosi solo la crescita, si potrebbe essere in per un rollercoaster emotivo.

Questi sono 5 passi per una strategia di investimento Crypto di successo

Passo 1: Decidere quanti soldi vuoi investire

Il primo passo per un investimento di successo in criptovalute è sempre quello di determinare l'importo dell'investimento. Solo quando sai quanto vuoi investire in criptovalute, puoi iniziare a sviluppare una strategia appropriata per questo. Per esempio, se si vuole investire solo una piccola somma, allora può essere utile scegliere le altcoin un po' più economiche su cui si è fatta abbastanza ricerca. È fondamentale capire che valore ha la moneta all'interno del sistema finanziario.

Se avete più budget, allora investire in Bitcoin, per esempio, potrebbe essere un'opzione. Pertanto, determina sempre l'importo dell'investimento in anticipo e assicurati di non discostartene in seguito. Può essere molto allettante investire sempre più risparmi in criptovalute.

Anche se in alcuni casi questo può essere intelligente (per esempio quando non hai bisogno dei risparmi e vedi belle opportunità di investimento), è comunque importante mantenere sufficienti risparmi in valuta normale. In questo modo, in caso di emergenza, non è necessario iniziare immediatamente a vendere criptovalute per poter finanziare le spese necessarie (inaspettate).

Passo 2: Determinare la strategia di investimento appropriata

Nell'investire in criptovalute, ci sono molte strategie diverse immaginabili. Per esempio, puoi scegliere di investire a lungo termine o a breve termine. Quale strategia sia più adatta a te dipende interamente dalla tua situazione personale. Possibili fattori che possono influenzare la scelta della strategia sono, per esempio, per quanto tempo vuoi investire il denaro, quanto tempo vuoi investire tu stesso (giornalmente o settimanalmente) nella tua criptovaluta e quanta conoscenza hai già sulle criptovalute.

Ci sono generalmente due strategie che puoi seguire quando investi in criptovalute. La prima strategia è quella di tenere le monete per un lungo periodo di tempo al fine di massimizzare i profitti. La seconda strategia è il cosiddetto day trading, in cui si acquistano le criptovalute con l'obiettivo di rivenderle a breve termine.

Ci sono generalmente due strategie che puoi seguire quando investi in criptovalute. La prima strategia è quella di tenere le monete per un lungo periodo di tempo al fine di massimizzare i profitti. (investimento a lungo termine) La seconda strategia è il cosiddetto day trading, in cui si acquistano monete criptovalute con l'obiettivo di rivenderle a breve termine.

Fissate i vostri obiettivi

Il trading di azioni o criptovalute è un grande gioco tra "Bulls" (compratori) e "Bears" (venditori). Un gruppo scommette che il prezzo scenderà mentre allo stesso tempo l'altro gruppo scommette che il prezzo salirà. All'interno del Crypto Trading, si possono fissare approssimativamente due obiettivi:

1. **Raccogliere più Bitcoin:** scambiando Altcoin contro Bitcoin, ti assicuri di ottenere sempre più Bitcoin in tuo possesso. Le persone che scelgono questa opzione confidano nel fatto che il Bitcoin diventerà molto più prezioso nel lungo periodo, quindi vogliono impostare più Bitcoin possibile.

2. **Raccogliere più valute Fiat (come euro, dollari e altro):** Scambiando Bitcoin o Altcoin contro Euro, per esempio, puoi assicurarti di possedere sempre più Fiat. Questo gruppo di persone usa Bitcoin come qualsiasi altra unità negoziabile. Quindi, non credono nel valore sottostante, ma soprattutto trovano interessante la volatilità della moneta.

A lungo termine o a breve termine?

Le basi del trading e dell'investimento sono semplici: comprare criptovalute quando il prezzo è basso e venderle quando il prezzo è alto. Questo è anche chiamato "lungo" in termini di trading.
Puoi anche fare esattamente il contrario, vendere le tue criptovalute quando i prezzi sono alti e ricomprare quando il prezzo è sceso. Questo è anche chiamato "Short" in termini di trading.

Chiunque inizi a fare trading, fondamentalmente prende sempre una posizione "lunga". Si compra Crypto e la si vende quando il prezzo è più alto. Le posizioni corte sono usate principalmente da trader esperti che usano anche la leva finanziaria. Tuttavia, lo sconsigliamo ai principianti, in quanto può portare a perdere i propri soldi molto rapidamente.

Passo 3: trovare le monete in cui vuoi investire

Scegliere criptovalute interessanti, soprattutto all'inizio, è probabilmente uno dei passi più difficili. Quando è interessante investire in una valuta? Quando è meglio non investire in una valuta? Se tu conoscessi le risposte a queste domande, saresti un milionario in poche ore. Sfortunatamente, nessuno conosce la risposta a queste domande con certezza al 100%, quindi in un certo senso rimane sempre un azzardo. ma grazie a questo libro hai ottenuto una maggiore comprensione del perché Bitcoin può essere un investimento sicuro nel lungo periodo e come puoi perdere i tuoi soldi velocemente entrando in uno schema di pump and dump senza una conoscenza preliminare.

Quindi, acquisendo abbastanza conoscenze sulle monete in cui si vuole investire, si può davvero fare una buona previsione. Naturalmente, è sempre intelligente diffondere le opportunità. Pertanto, non investire mai in un solo tipo di criptovaluta, ma distribuisci il tuo deposito almeno su 2 o 3 monete diverse. Naturalmente, è anche vero che acquisire conoscenze rimane un processo continuo. Non è quindi possibile dire ad un certo punto di avere una "conoscenza sufficiente" delle monete e poi non fare ulteriori ricerche.

Passo 4: Il momento giusto

Se vi siete documentati per un po' su specifiche monete, probabilmente avete già un'idea del momento di acquisto ideale per voi. Per determinare il momento di acquisto ideale, è in ogni caso saggio analizzare attentamente i prezzi degli ultimi tempi. Spesso c'è un chiaro schema da vedere nell'andamento dei prezzi di specifiche valute. Inoltre, è anche importante determinare il momento della vendita.

Quando vendi di nuovo le monete? Il momento della vendita è diverso per tutti. Dipende interamente dal valore di vendita di cui saresti soddisfatto. Anche se il momento della vendita è diverso per tutti, è sicuramente saggio determinare in anticipo a quale valore di prezzo hai intenzione di vendere la tua criptovaluta. Naturalmente, nessuno alla fine ti costringerà a venderla per quel valore, ma ti dà qualcosa a cui aggrapparti nel mondo incerto delle criptovalute.

Passo 5: chiedere aiuto

Soprattutto quando si sta appena iniziando a investire in criptovalute, ci sono molte cose che non si sanno ancora esattamente. Anche se c'è un'enorme quantità di conoscenza da trovare su Internet, può essere sicuramente utile chiedere aiuto agli esperti di tanto in tanto.

Sempre più consulenti finanziari possono fornire ottimi consigli per investire in criptovalute. Naturalmente, è importante essere critici quando si sceglie un consulente finanziario. I costi sono spesso elevati, ma i giusti consulenti finanziari specializzati in criptovalute non costano nulla in pratica. Essi forniscono molto più profitto rispetto al costo della consulenza che stai spendendo.

Alla Stellar Moon Publishing, lavoriamo con un certo numero di consulenti che possono fornirti consigli appropriati per sviluppare una strategia redditizia per i tuoi investimenti in criptovalute. Controlla le opzioni di contatto sul retro del libro e facci sapere se hai bisogno di aiuto per il tuo approccio.

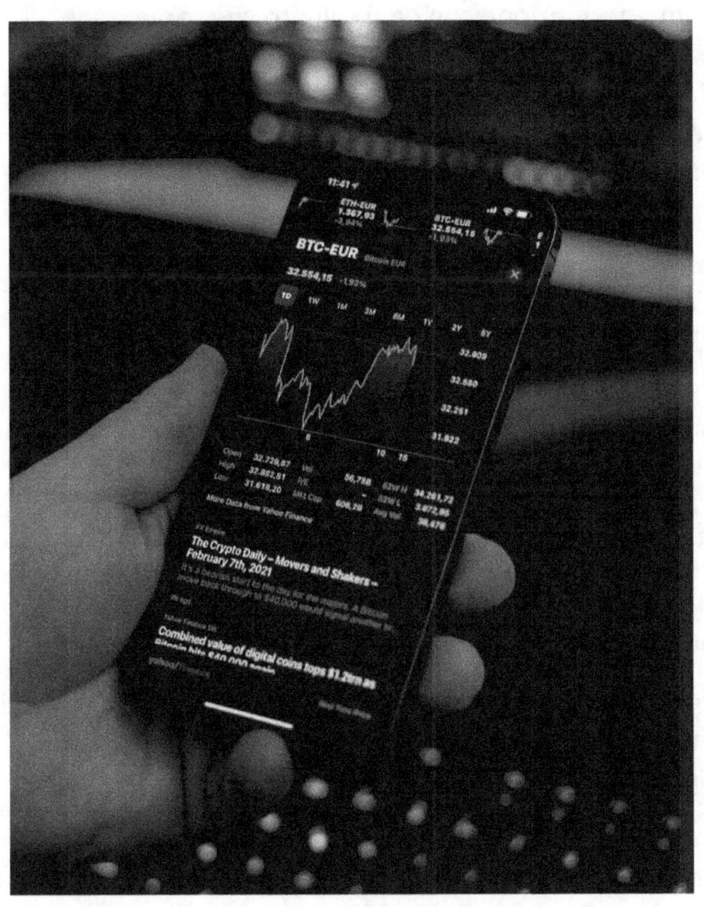

Consigli essenziali per il successo delle criptovalute

Le regole della sicurezza sono scritte nel sangue. Questa è un'affermazione che ogni soldato che serve il suo paese conosce bene. Anche se qui non stiamo discutendo il rischio per la vita umana, è estremamente sconveniente perdere i tuoi preziosi Bitcoin a causa di errori fatti mentre stai facendo trading e investendo in criptovalute.

Date ad ogni transazione una ragione.

Inserisci solo una **posizione di trading**; *un prezzo al quale vuoi vendere o comprare la tua moneta.*

Se sai perché vuoi vendere o comprare e quindi hai una strategia chiara in mente.

Non tutti i trader di criptovalute possono realizzare un profitto perché questo è un gioco a somma zero (dove tu realizzi un profitto, qualcun altro dall'altra parte perde).

I grandi detentori di monete (chiamati anche Balene nel mondo delle criptovalute) guidano il mercato alt & Bitcoin - sì, le stesse "balene" responsabili di comprare e vendere centinaia di Bitcoin alla volta.

Le balene aspettano pazientemente che piccoli investitori ignari come noi facciano un errore di trading.

Anche se vuoi fare trading ogni giorno, a volte è meglio non fare nulla che buttarsi nell'acqua impetuosa e rischiare perdite significative. Alcuni giorni, puoi guadagnare di più non facendo nulla!

Stabilire obiettivi chiari e sapere quando è necessario fermarsi

Per ogni **posizione di trading** che vuoi prendere, devi definire un preciso livello di obiettivo di profitto e, cosa più importante, un livello di stop-loss per limitare le perdite.

Fissare un obiettivo di stop-loss significa determinare la massima perdita che può essere accettata prima di chiudere la **posizione di trading**.

Diversi fattori devono essere considerati quando si decide un livello di stop loss. La maggior parte dei trader fallisce perché si "innamorano" della loro posizione, nel senso che le monete che detengono sembrano salire di prezzo, o si aspettano che non crolli più in basso, e non vogliono vendere e prendere il profitto/perdita, o si innamorano della criptovaluta stessa.

Il che significa che non importa cosa, si sceglie di tenere quella moneta a vita. "Sono sicuro che cambierà, salirà e uscirò da questa posizione con una perdita minima", si dicono. Hanno permesso al loro ego di dominarli.

Rispetto al mercato azionario tradizionale, dove il 2-3% di volatilità è considerato estremo, le transazioni cripto sono molto più rischiose: non è raro che una criptovaluta perda l'80% del suo valore in poche ore. E certamente non vuoi essere quello che ci si aggrappa!

Essere consapevoli della FOMO

Ti presento FOMO, che sta per "Fear of Missing Out". Non è divertente essere fuori a guardare quando una specifica moneta è pompata come un matto con enormi guadagni in pochi minuti.

Quella lunga barra verde ti implora di comprarla, dicendoti: "Sei l'unico che non sta beneficiando di questo, quindi comprami! A questo punto, noterete anche che molte persone e gruppi su Reddit, Telegram e altre piattaforme possono parlare solo di questa pompa.

Quindi, cosa dobbiamo fare? È molto semplice: rimanere sobri. È vero, il prezzo può continuare a salire, ma tenete a mente che le balene (menzionate sopra) stanno semplicemente cercando piccoli commercianti a cui vendere le loro criptovalute.

Che hanno acquistato ad un costo inferiore. Il prezzo è salito, ed è chiaro che la moneta è ora nelle mani solo di pochi piccoli commercianti. Inutile dire che quando la moneta viene scaricata in grandi quantità, il passo successivo è di solito una caduta del prezzo in rosso vivo.

Valutazione dei rischi

"I maiali ingrassano; i maiali vengono macellati". Questa citazione racconta la storia del profitto dal punto di vista del successo. Per diventare un trader di Crypto redditizio, non dovresti mai cercare gli estremi. Cercate piccoli profitti che si aggiungeranno ad uno grande.

Il rischio dovrebbe essere gestito saggiamente in tutto il vostro portafoglio. Per esempio, non dovresti mai investire più di una piccola parte del tuo portafoglio in un mercato non liquido (altamente volatile). Daremo a queste posizioni più margine di manovra e i livelli di stop e target saranno impostati lontano dal livello di acquisto.

Le criptovalute vengono scambiate con Bitcoin

Questa attività sottostante causa la volatilità del mercato: la maggior parte degli altcoin sono scambiati contro Bitcoin piuttosto che contro valuta fiat (come euro o dollari). Vedi anche: Qual è la differenza tra criptovaluta e moneta fiat?

Bitcoin è estremamente volatile rispetto a quasi tutte le valute fiat, e questo fatto dovrebbe essere considerato, soprattutto quando il prezzo di Bitcoin fluttua drammaticamente.

Era comune nei primi anni che Bitcoin e altcoin avessero una correlazione inversa, il che significava che quando Bitcoin saliva, i prezzi delle altcoin scendevano rispetto a Bitcoin e viceversa. Tuttavia, la correlazione è diventata meno chiara dal 2018. In ogni caso, quando il Bitcoin è volatile, le condizioni di trading diventano difficili da determinare.

Dato che non possiamo vedere molto avanti durante un periodo di volatilità, è meglio impostare obiettivi vicini e obiettivi di stop-loss - o non fare trading affatto.

Usa i tuoi alt-coin per il trading

La maggior parte degli altcoin perde valore nel tempo. Possono perdere valore gradualmente o rapidamente.

Tuttavia, il fatto che la lista delle prime 20 altcoins sia cambiata così drasticamente negli ultimi anni dice molto.
Considera questo quando aggiungi grandi quantità di altcoin al tuo portafoglio per il medio e lungo termine, e naturalmente, sceglili saggiamente.

Se stai pensando di tenere le altcoin a lungo termine o di costruire un portafoglio di criptovalute a lungo termine, presta molta attenzione al volume di trading giornaliero e conduci un'analisi fondamentale approfondita.

Le altcoin con una comunità fiorente hanno una buona possibilità di sopravvivere a lungo termine.

ICO, IEO e vendite di token

Passiamo alle ICO pubbliche (o IEO, come sono ora conosciute nel 2021): queste sono vendite di token di criptovalute. Molti nuovi progetti scelgono di tenere una crowd-sale, in cui forniscono agli investitori una prima opportunità di acquistare alcuni dei token del progetto ad un prezzo inferiore.

L'incentivo per gli investitori è che quando il token colpisce il mercato, saranno in grado di trarre un profitto considerevole. Molte vendite di token di successo si sono verificate negli ultimi anni, con ROI di 10x non rari.

L'ICO di Augur, per esempio, ha fornito agli investitori un ritorno di 15x. Quindi, qual è la fregatura? Non tutti questi progetti restituiscono un profitto ai loro finanziatori. Molte vendite si sono rivelate delle fregature totali. Non solo non sono state scambiate affatto, ma alcuni progetti sono spariti con i soldi, per non essere mai più visti o sentiti.

Quindi come si fa a sapere se si dovrebbe investire in una particolare vendita di token?

La quantità di denaro che il progetto vuole raccogliere è una considerazione importante. Un progetto che raccoglie troppo poco denaro molto probabilmente non sarà in grado di sviluppare un prodotto funzionante, mentre un progetto che raccoglie troppo denaro probabilmente non avrà abbastanza investitori per acquistare i token sul mercato. L'aspetto più cruciale è la gestione del rischio. Non mettere mai tutte le tue uova in un paniere, ed evitare di mettere troppo del tuo portafoglio in un singolo IEO o ICO. Sono classificate come ad alto rischio.

Commissioni

L'esecuzione di operazioni multiple richiede il pagamento di una commissione più alta. È sempre meglio e meno costoso per un market maker piazzare un nuovo ordine nell'order book piuttosto che comprare dall'order book di una piattaforma di trading.

Non creare pressione

Inizia a fare trading solo quando hai le migliori condizioni per prendere le migliori decisioni, e sappi sempre quando e come fermare il trading se necessario. Il trading inizia con una strategia ben studiata! Se sei sotto pressione, questo influenzerà la tua capacità decisionale. Di conseguenza, non avere mai fretta.

Fissare obiettivi e ordini di vendita

Stabilisci i tuoi obiettivi piazzando ordini di vendita. Non si può mai sapere quando una balena alzerà una moneta per comprare lo stock nel libro degli ordini (e pagare un prezzo più basso sul lato del creatore dell'ordine di vendita).

Comprare le voci, vendere le notizie

Quando i principali telegiornali pubblicano notizie, questo è di solito il momento giusto per vendere la moneta e non per comprarla!

Non dimenticare la legge di Murphy

Hai fatto uno scambio redditizio, ma come è consuetudine, il prezzo sale alle stelle subito dopo la vendita. Non cedere alla tentazione di cambiare lavoro. In altre parole, non soccombere alla **FOMO** (Fear of Missing Out). Starai bene finché ci saranno dei profitti.

Non lasciare che il tuo ego governi i tuoi investimenti

L'obiettivo è ottenere PROFITTO. Non sprecare risorse (tempo e denaro) nel tentativo di dimostrare che avresti dovuto prendere questa o quella posizione. Tieni presente che nessun trader inserisce solo posizioni vincenti. La regola generale è che il numero di operazioni vincenti deve superare il numero di operazioni perse.

Compra quando i prezzi sono bassi

I mercati dell'orso sono a volte i momenti migliori per ottenere un profitto, se la moneta sta scendendo, questo potrebbe significare che è il momento migliore per comprare e ottenere un profitto nel tempo. Ma assicurati che il tuo piano sia solido per il prossimo futuro e che tu abbia qualche idea sul perché il calo dei prezzi sia solo temporaneo.

Acquirenti contro venditori

Consideriamo la seguente azienda ipotetica. Le persone che credono nell'azienda acquistano quante più azioni possibili al prezzo di 10 dollari.

Tuttavia, per poterlo fare, ci devono essere anche persone disposte a vendere le loro azioni a questo prezzo. Di conseguenza, queste persone sono scettiche che il prezzo salirà. Non venderebbero se pensassero che lo farà! Se un azionista vuole vendere le sue azioni, è libero di fissare il suo prezzo.

Supponiamo che qualcuno metta in vendita le sue azioni a 12 dollari l'una, e che altri vogliano comprarle a 10 dollari. In questo caso, entrambe le parti possono accordarsi su un prezzo di 11 dollari e incontrarsi nel mezzo. Dopo il primo giorno di negoziazione, il prezzo della nostra ciambella è di 11 dollari per azione. In molti modi, questo riflette come il mercato percepisce la nostra azienda.

Questo principio si applica alle criptovalute in modo simile.

Se sei un investitore saggio, capisci che non puoi imparare tutto semplicemente guardando il prezzo corrente. Usando i dati storici, puoi stimare il sentimento del mercato. Il prezzo attuale è troppo alto o troppo basso? Qual era il costo all'inizio della giornata

l'anno scorso? C'è stato un calo del prezzo lo scorso
trimestre?

Schemi di pompaggio e scarico

Non è mai una buona idea seguire senza cervello l'hype di una moneta a caso, solo perché la gente sostiene di aver fatto enormi profitti durante la notte.

Questo indica generalmente verso un "classico" schema di pump and dump, che significa che al fine di ottenere un profitto massiccio con una moneta cripto, utilizzare l'influenza di notizie, blog cripto, youtuber e altri influencer, piattaforme di social media come Reddit e Facebook per aumentare il prezzo di una moneta apparentemente casuale.

L'idea generale di questo è di comprare in anticipo e scaricare la quantità di monete comprate quando il prezzo sale di 1000 volte.

È facile riconoscere questo schema perché le affermazioni sono di solito in una tendenza come segue:

Il prezzo di lancio casuale di shitcoin è di $ 0,000001 con l'affermazione che se questa moneta salirà a $ 0,001, si farebbe circa 1000x profitto.

Queste affermazioni su monete casuali che stanno per scoppiare sono su internet; Tiktok, Instagram, Facebook e Reddit pullulano di pubblicità pagate e non pagate riguardanti schemi di pump and dump.

Tutto questo significa semplicemente che chiunque ci sia dentro, può ottenere profitti massicci, a patto di convincere un numero sufficiente di persone a comprare l'hype.

Gli influencer vengono pagati per spingere queste informazioni.

Può pagare fino a $ 25.000 per post se sei un influencer disposto a promuovere uno di questi schemi. Perché se costruisci un numero decente di seguaci, c'è una maggiore possibilità che la gente compri qualsiasi cosa tu abbia da dire loro.

E come consumatore di contenuti, e come qualcuno che sta cercando di comprare il prossimo hype, il pensiero critico è la vostra migliore risorsa.

Dogecoin

Il primo esempio di un pump and dump con l'influenza dei social media, è quello che Elon Musk ha fatto con Dogecoin e Bitcoin, un paio di tweet e menzioni su entrambe le monete, e come probabilmente avete visto nelle ultime notizie, il prezzo di Bitcoin e Dogecoin sale, e lui ha comprato in, soprattutto in Bitcoin, prima di iniziare la voce, probabilmente ha fatto un miliardo di profitti dal semplice menzionarlo in un tweet, come ha recentemente causato un crollo del prezzo del Bitcoin.

Elon Musk è un uomo intelligente in questo senso, seguire la sua strategia di investimento, dove compra una massiccia quantità di Bitcoin, sostenendo che la sua azienda Tesla, ora accetterà pagamenti Bitcoin per le auto e spinge il prezzo con un margine enorme, un massimo storico di oltre 60.000 dollari.

E non molto dopo, Elon Musk sgancia una bomba, dicendo a internet che l'estrazione di Bitcoin è terribile per l'ambiente, il che significa che ha venduto al punto di prezzo più alto, guardando il crollo del mercato, e creando un nuovo punto di ingresso per le persone a comprare.

Ha iniziato a twittare su Dogecoin all'inizio di aprile, con il prezzo di partenza intorno a 0,05 dollari, e il [16] aprile, il prezzo ha raggiunto un massimo storico di 0,39 dollari.

È seguito un breve calo, la moneta è scesa di nuovo a 0,19 dollari il [23] aprile e poi ha continuato a risalire verso un nuovo massimo di 0,71 dollari il [5] maggio, seguito da un altro calo con il prezzo attuale a 0,50 dollari.

Non c'è molto da dire sul futuro di Dogecoin perché sembra una specie di scherzo. Elon Musk ha dimostrato in passato di essere un grande fan della cultura di internet, e avere una valuta come Dogecoin, governare il mercato finanziario non è altro che uno scherzo elaborato.

Quindi, se ti senti fortunato, potresti comprare su Dogecoin e prendere la scommessa che raddoppierà il prezzo nel prossimo futuro, ma qualsiasi successo è interamente basato sulla fortuna con una moneta che ha il suo prezzo basato sulla speculazione. Quindi, in sostanza, investire in certe criptovalute è un po' un azzardo.

Una buona regola generale, se si è disposti a giocare d'azzardo con gli schemi di pump and dump, è quella di comprare quando iniziano le voci e iniziare a vendere quando arriva la notizia principale.

Dal momento che il prezzo salirà rapidamente ogni volta che una moneta di tendenza colpisce i canali di notizie principali, significa anche che un sacco di persone che hanno acquistato in anticipo, utilizzare questo momento per incassare, vendere la moneta e ottenere il profitto, causando un calo del prezzo quasi immediato quando un gran numero di monete vengono vendute su uno qualsiasi dei mercati.

Ciò significa che se non hai informazioni solide su quando questo dump avverrà, sei destinato a perdere la tua puntata, se sei in ritardo. Dal momento che le criptovalute sono decentralizzate, sono fondamentalmente impossibili da regolare finché le informazioni escono e fanno tendenza.

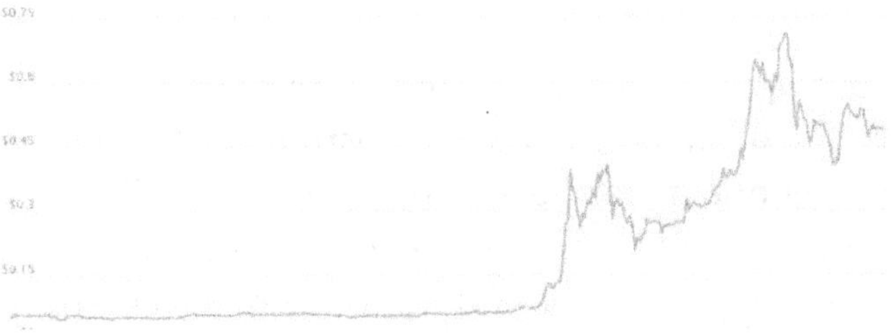

Valore intrinseco delle criptovalute

Non comprare monete nuove o relativamente sconosciute come investimento a lungo termine se non mostrano alcun valore intrinseco.

Quindi, un solido consiglio sarebbe quello di sapere in cosa si compra, sapere se si tratta di una cosiddetta "shitcoin", una truffa di marketing che la gente usa per far salire il prezzo, o se la moneta ha un reale valore applicativo.

Per esempio, Ripple (XRP) mira a diventare la prossima rete globale di pagamenti per le istituzioni finanziarie. Se si seguono le notizie intorno a Ripple, è un po' più facile prevedere cosa farà il prezzo, in questo momento hanno una quota del 40% nel sistema di pagamenti transfrontalieri dell'Asia e lavorano duramente per solidificare il loro futuro come strumento finanziario.

In questo momento, la creazione di una nuova moneta richiede circa 5 minuti se si vuole creare uno schema di pump a dump. Il prossimo passo sarà il marketing, assicurati che la gente sappia che la tua moneta sarà la prossima che li renderà ricchi e guadagna interesse su internet.

Questa moneta deve essere una moneta che non ha bisogno di una prova di lavoro come fa Bitcoin, come spiegato nel capitolo **"Il valore intrinseco di Bitcoin"**.

Quindi, se vuoi iniziare una moneta da solo, fare una copia di una moneta esistente che non richiede alcuno sforzo per il commercio e l'avvio, probabilmente potresti trovare un tutorial per impostare questo su YouTube.

Chiamate la nuova moneta con parole chiave come sicuro, o andare sulla luna, come il famigerato Safemoon, affermate che sta per scoppiare, e fate in modo che il maggior numero di persone possibile abbia bisogno di tenersi quella moneta perché li renderà ricchi. Preferibilmente implementando una tassa pesante se vogliono venderla.

Pubblica un white paper sulla tua moneta; un white paper è una spiegazione di come funziona la moneta, come comprarla e altre informazioni vitali per ottenere l'interesse degli investitori.

Per uno schema di pump and dump, questo sarebbe idealmente una carta che sostiene una sorta di tassa di transazione che viene pagata ai detentori di monete. L'idea dietro questa tassa di transazione che viene pagata agli altri possessori di monete è quella di creare un senso di sicurezza per i potenziali investitori.

Se una nuova persona compra delle monete e convince i suoi amici a comprare delle monete, tutti sembrano trarre profitto da un tale sistema. Vogliono creare l'illusione che se si ottiene il maggior numero possibile di persone a comprare quella moneta, tutti diventano ricchi.

Tuttavia, una parte cruciale che lo renderebbe possibile è che la moneta ha bisogno di valore intrinseco. Se hai bisogno di comprare e tenere la moneta per guadagnare valore, sarà scoraggiante venderla per i dollari perché in sostanza il prezzo scenderebbe.

E in parole povere, è un sistema morto se il valore deve provenire da persone che devono comprare. Quel sistema indica solo che, una volta che abbastanza persone hanno comprato, i proprietari e i grandi detentori di monete possono vendere, far scendere il valore di quella moneta mentre le altre persone che non sono coinvolte nel momento della vendita subiscono una perdita.

Per metterlo in un esempio;

Se la persona A compra 10 monete e hai una tassa di transazione del 10%, 1 moneta di queste monete viene divisa tra gli altri possessori di monete, quindi se ci sono 10 possessori di monete a questo punto, tutti loro otterrebbero 0,1 monete da quella transazione.

Molte delle monete truffa che vengono promosse in questo momento, vantano un tipo di sistema simile a quello spiegato nell'esempio, promettendo che esploderanno in valore se abbastanza persone comprano e tutti ottengono una quota quando qualcuno compra.

Se avete prestato attenzione e letto tra le righe, avreste fatto la conclusione che questo è l'equivalente in criptovaluta di uno schema piramidale.

Safemoon e Shiba Inu: progetti di truffa?

Per quelli di noi che hanno seguito il mercato delle cripto per un po', sappiamo che la corsa al toro del 2017 e del 2018 è stata accompagnata da una sfilza di monete che non solo erano volatili come Bitcoin, ma anche come il giorno in cui Bitcoin si è schiantato.

Questi progetti truffa, o shitcoins come alcuni li chiamano, danno alle criptovalute una cattiva reputazione, ma sembra essere una buona parte dell'industria come nuova tecnologia. Con tutto il clamore che circonda Bitcoin ed Ether, dobbiamo tenere a mente che anche una varietà di monete più piccole aumenterà di valore.

 Come abbiamo spiegato in precedenza, gli schemi di pump and dump come il famigerato Safemoon, sono fondamentalmente l'equivalente in criptovaluta di uno schema piramidale.

Con la rapida ascesa della moneta Shiba, molte persone si stanno chiedendo se un crollo è imminente. Come Binance ha annunciato recentemente, i primi portafogli #1, #2 e #5 contengono rispettivamente il 50,5%, il 7,0% e il 3,0% dell'offerta totale, il che normalmente sarebbe estremamente preoccupante, ma in questo caso è una storia ancora più strana.

Gli sviluppatori di Shiba Inu hanno inviato il 50% dei loro token al fondatore di Ether Vitalik Buterin al momento del lancio.

Siamo un po' positivi sulla moneta Shiba al momento, ma sembra che a causa del falso senso di sicurezza, si crei una situazione con una bassa soglia per rischiare i propri soldi.

Prevediamo che questa moneta sarà anche molto volatile e probabilmente vedrà un futuro come uno dei migliaia di progetti di pump and dump.

Binance ha anche elencato SHIB nella loro Inovation Zone, rendendo possibile l'acquisto di Shiba Inu attraverso lo scambio (che può essere fatto solo dopo aver compilato un questionario).

Tuttavia, Safemoon ha attualmente oltre 1,9 milioni di utenti, ma Binance si rifiuta di ascoltarlo. Mentre il CEO Changpeng Zhao ha detto in precedenza che quando un progetto ha un gran numero di utenti, lo ascolteranno. Ci sono più utenti Safemoon che a Shiba, inoltre Safemoon ha fornito un numero record di transazioni sulla Smart Chain di Binance.

Il valore intrinseco del bitcoin

Bitcoin ha un valore intrinseco nella sua transazione. Una transazione Bitcoin è un calcolo, e facendo quel calcolo si ottiene una ricompensa, un blocco, un Bitcoin, da qui il motivo per cui si chiama blockchain. Poiché ogni transazione Bitcoin è un calcolo che consiste in ogni altro calcolo (costituito da transazioni precedenti) che porta alla transazione.

Quindi, dal momento che Bitcoin è in uso dal 2009, queste innumerevoli transazioni hanno portato al punto in cui ci vuole un'immensa quantità di potenza di calcolo per completare una transazione. Fare questi calcoli si chiama mining, ed è un business in cui il mining di Bitcoin richiede più elettricità di un piccolo paese a questo punto.

Per far crollare completamente il Bitcoin, la gente dovrebbe smettere di scambiarlo in un momento in cui una transazione costerebbe troppo per calcolarla. Quindi questo principio assicura il futuro a lungo termine del Bitcoin finché la gente lo usa per commerciare.

Inoltre, Bitcoin è stata la valuta fondamentale del mercato nero perché i proprietari di Bitcoin non possono essere rintracciati attraverso i dettagli del conto personale come avere un conto bancario, quindi Bitcoin può essere usato per comprare qualsiasi cosa al di fuori della legge.

Non c'è nessuna banca o istituzione finanziaria che tenga i dettagli del conto e le informazioni personali dei proprietari di Bitcoin. E se vuoi mantenere la tua privacy con la quantità di Bitcoin che possiedi, si consiglia di tenerlo in un portafoglio fisico come il Trezor One.

Quindi, al fine di mantenere le vostre transazioni il più possibile fuori dalla rete, assicuratevi di utilizzare un percorso anonimo di acquisto dei vostri Bitcoin, e teneteli fuori dalle piattaforme di trading che richiedono dettagli personali per poterli utilizzare.

Privacy nel trading di Bitcoin

Le piattaforme di trading per Bitcoin potrebbero richiedere l'accesso ai dettagli personali per poter utilizzare quella piattaforma, soprattutto perché alcuni governi vogliono tracciare queste transazioni.

La piattaforma Binance è sotto inchiesta in questo momento per frode fiscale e riciclaggio di denaro da parte del governo degli Stati Uniti, semplicemente perché il governo degli Stati Uniti vuole tracciare chi fa trading e chi possiede cosa su queste piattaforme.

Hanno anche offerto alle piattaforme di pagare per i dettagli personali, e anche se molte piattaforme di trading di criptovalute sostengono di avere una perfetta privacy dei clienti, non sarebbe la prima volta, che hanno venduto i dati personali a terzi. Ci sono anche alcune voci che alcune piattaforme vendono al governo, ma nulla può essere detto con certezza.

Bitcoin è stato costruito per decentralizzare il valore. Per quanto il passato possa insegnarci, il denaro governa il mondo, e se controlli grandi somme di denaro, hai un potere quasi infinito.

È vera anche un'altra regola, che il denaro corrompe indefinitamente, il denaro è stato la causa dell'avidità, dell'egoismo e della povertà in tutto il mondo ed è nelle mani di una percentuale molto piccola di persone.

Bitcoin può essere usato per destabilizzare la riserva di valore globale se abbastanza persone lo comprano. Il sistema bancario classico è costruito sull'inflazione nell'attuale sistema economico e se abbastanza denaro fluisce nel mercato delle criptovalute, destabilizzerà l'inflazione del denaro regolare.

Le banche usano il denaro che la gente immagazzina per investire in qualsiasi cosa ritengano redditizia; hanno anche usato una buona parte di quel valore per creare prestiti come i mutui.
Ma a questo punto devono continuare a stampare denaro per far funzionare il sistema, perché più prestiti significano meno valore effettivo del denaro. E se si mette il valore accanto all'attuale flusso globale di denaro, è una gigantesca bolla di credito destinata a scoppiare.

Perché il bitcoin è un solido investimento a lungo termine

Questa bolla di credito mostra perché Bitcoin è un investimento così solido per il futuro a lungo termine. Con il valore totale di scambio di Bitcoin in dollari in questo momento, l'intero mercato di Bitcoin è valutato a un impressionante $846.019.261.238,40, o detto brevemente, 846 miliardi di dollari.

Così, Bitcoin ha raggiunto un valore di quasi 1 trilione di dollari, e si sta avvicinando a superare il dollaro, che ha circa 1,2 trilioni di dollari nel mondo.

Per mettere il mercato delle cripto in prospettiva, la capitalizzazione totale del mercato è valutata a 2,2 trilioni di dollari.

Considera che l'estrazione di Bitcoin diventerà esponenzialmente più difficile, richiedendo più potenza di elaborazione e più elettricità nel corso del tempo finché il Bitcoin sarà usato. Un altro fatto importante per il valore del Bitcoin è che la quantità di Bitcoin è finita, il che significa che ad un certo punto nel tempo l'ultimo Bitcoin sarà estratto, e si stima che ci vorranno più di 100 anni.

Questo significa che il prezzo del Bitcoin non è affatto vicino al prezzo che sarà tra 20 o più anni e con l'attuale tasso di inflazione, è una riserva di valore estremamente desiderabile a lungo termine.

È un dato di fatto che il dollaro si gonfierà di più, sembra che debba arrivare ad un crollo ad un certo punto, poiché ad un certo punto renderà semplicemente i prezzi irragionevolmente alti, rendendo il dollaro più inutile nel corso del tempo.

Potete vederne la prova nei prezzi dei materiali grezzi come il legno in questo momento. Questi prezzi sono alle stelle, e stanno lentamente iniziando a destabilizzare il mercato immobiliare.
La causa di ciò sta nel fatto che Donald Trump ha messo un massiccio aumento delle tariffe d'importazione sul legno dalla Cina nel 2020, creando una situazione in cui gli Stati Uniti comprano tutto il legno dall'Europa, facendo salire immensamente il prezzo.

Questo fa sì che ristrutturazioni, nuove abitazioni e altri progetti che richiedono grandi quantità di legno stiano diventando molto più costosi, tanto da influenzare i prezzi sul mercato immobiliare in questo momento.

Le case sono state più care che mai in Europa, al punto da iniziare a causare problemi in altri mercati.

Questo significa che le banche devono concedere un mutuo molto più grande per una casa più piccola di 10 anni, il che contribuirà solo ad allargare la bolla del credito e il suo effetto in ogni aspetto dell'economia.

Oltre a questo, a causa di una moltitudine di complessi problemi finanziari, c'è un'inflazione in arrivo dove il bitcoin può essere la soluzione per mantenere il valore del vostro capitale sano.

L'attuale carenza di chip

Il più grande contributore alla conservazione del valore in Bitcoin è la carenza di chip, Bitcoin è uno dei fattori trainanti dei chip che diventano più preziosi e a causa della maggiore domanda porta a un prezzo gonfiato e alla carenza.

Una delle speculazioni è che Elon Musk ha causato il crollo perché la carenza di chip sta influenzando anche la produzione di auto Tesla. Quindi, sconvolgendo il prezzo di mercato di Bitcoin, sconvolge il mercato delle attrezzature per il mining di Bitcoin, questo potrebbe potenzialmente creare un po' di spazio nel mercato dei chip.

Uno spazio molto necessario per altri produttori che in un modo o nell'altro si occupano di chip e semiconduttori.

Ma la certezza rimane che la difficoltà di estrazione di Bitcoin aumenterà finché esisterà il commercio di Bitcoin, chiedendo di più al mercato dei chip, e aumentando i prezzi delle attrezzature necessarie per l'estrazione di Bitcoin.

Il quantum computing non avrà impatto sul mining di Bitcoin

In parole povere, studi recenti, fatti da Louis Tessler e Tim Byrnes, hanno dimostrato che il calcolo quantistico non può fare Bitcoin mining in modo più efficiente dei modi attuali di Bitcoin mining. Quindi, la prova di lavoro del mining di Bitcoin ha un futuro molto stabile nell'attuale ambiente informatico senza alcuna minaccia che possa rendere obsoleta la prova di lavoro nel mining di Bitcoin.

Quindi, in conclusione, e tenendo conto di tutti questi diversi fattori, può essere una mossa molto intelligente per la crescita di un capitale a lungo termine per investire una quantità mensile di denaro in Bitcoin, che normalmente si risparmierebbe in banca regolare.

Ordine di chiusura del Sichuan

Le percentuali di hash di alcuni dei più grandi pool di mining di Bitcoin in Cina sono scese al 37% dopo che il Sichuan ha ordinato alle compagnie energetiche di smettere di fornire energia alle compagnie minerarie della provincia.

La notizia dell'ordine di cessazione è stata diffusa ieri dopo un incontro tra l'Ufficio per la Scienza e la Tecnologia del paese e l'Ufficio per l'Energia del Sichuan Ya'an. Alle compagnie elettriche è stato dato tempo fino alle prime ore di domenica 20 giugno (ora di Pechino) per spegnere la corrente.

I pool di minatori cinesi sono un ingranaggio integrale nell'ecosistema globale delle criptovalute, e molti dei minatori in questi pool attingono all'abbondante energia idroelettrica del Sichuan. I pool di minatori sono collettivi di minatori di criptovalute che condividono la loro potenza di calcolo per estrarre criptovalute

L'ordine di cessazione dell'attività emesso alle compagnie elettriche ha identificato 26 piscine minerarie nella provincia del Sichuan.

"Molly", capo del marketing della società cinese di blockchain Hashkey Hub, ha twittato che il tasso di hash "è già sceso significativamente" dopo che il governo del Sichuan ha annunciato che avrebbe tagliato la corrente alle società di mining di Bitcoin.

Gli hashrates per i pool di mining sono: in caduta libera. Dal tweet di Molly, gli hashrate di alcuni pool di mining sono scesi ulteriormente. Gli hashrates di mining sulla migliore mining farm AntPool sono scesi del 27,53%, mentre l'hashrate di BTC.com è sceso del 18,34% e Huobi.pool è sceso del 36,79%.

La Cina ha dato un giro di vite sulle criptovalute negli ultimi mesi. Questo ha avuto un effetto a catena sul prezzo globale delle criptovalute. Il peggior crollo del Bitcoin in 12 anni è peggiorato il mese scorso, quando le associazioni di pagamento hanno ripetuto il sostegno a un divieto del 2017 sulle transazioni di criptovalute.

Il prossimo obiettivo dello stato è stato quello delle operazioni di mining. Il 9 giugno, la provincia dello Xinjiang ha ordinato la chiusura di diversi minatori di criptovalute. Nell'avviso, lo Xinjiang ha citato le "Misure per l'esame della conservazione dell'energia dei progetti di investimento in attività fisse" - un po' di regolamento emesso per la prima volta nel 2016.

Il massiccio giro di vite del paese sulle valute come Bitcoin ed Ethereum, che sono difficili da regolare, pone le basi per la valuta sostenuta dalla banca centrale dello stato: lo yuan digitale. La Cina sta attualmente testando la valuta, che da ieri può essere convertita in fiat per oltre $XNUMX milioni 3.000 bancomat a Pechino.

Data la profonda influenza della Cina sul cryptomining e sul valore del mercato, il calo di oggi potrebbe seriamente rimodellare l'industria mineraria di Bitcoin come la conosciamo.

Conclusione

A questo punto dovresti avere una buona idea di come condurre la tua valutazione del rischio quando si tratta di investire in criptovalute. E, prima di iniziare, assicurati di avere un piano, di fare le tue ricerche e di essere ansioso di conoscere il valore della moneta in cui vuoi investire.

Una delle regole più importanti dell'investimento è quella di istruirsi sulla pubblicità prima di iniziare. Invece di pagare il profitto di qualcun altro con il prossimo schema di pump and dump, assicurati che il tuo investimento sia calcolato.

E, se vuoi fare enormi profitti con il day trading, facendo soldi veri dagli schemi di pump and dump menzionati in precedenza, assicurati di avere una fonte affidabile di informazioni. Ci sono numerosi gruppi di investimento gratuiti e a pagamento che possono fornirti solide intuizioni sulle monete con un alto potenziale di trading a breve termine.

Se ti piace il suono di un approccio ad alto rischio e alta ricompensa alle criptovalute, il trading di Binance Futures potrebbe essere un'opzione.

Fateci sapere cosa ne pensate del libro, e se si è rivelato utile, per favore lasciateci una recensione in modo che anche altri possano beneficiarne.

Grazie per aver letto il nostro libro, e buona fortuna per i vostri futuri investimenti!

Il tuo libro GRATIS

Se vuoi iniziare a guadagnare nel mondo delle criptovalute, assicurati di scaricare il nostro bonus gratuito con **12 consigli estremamente preziosi per i principianti!**

Con questo libro e questi consigli, hai la garanzia di fare un ottimo inizio con i tuoi futuri investimenti!

Iscriviti qui per avere accesso immediato e dare il via al tuo successo nella crittografia:

https://campsite.bio/stellarmoonpublishing

I nostri libri

Dai un'occhiata al nostro altro libro per saperne di più sugli NFT, il trading e la vendita di NFT, come trarre profitto e i consigli e le strategie essenziali per un inizio a prova di fallimento nell'universo NFT.

Unisciti all'esclusivo Stellar Moon Publishing Circle, otterrai l'accesso immediato a **12 preziosissimi consigli sulle criptovalute**!

Oltre a questo, avrai anche accesso immediato alla nostra mailing list con gli aggiornamenti dei nostri esperti ogni settimana!

Iscriviti qui oggi:

137

Il nostro corso Crypto Expert Trading

Stai cercando un nuovo modo di investire?

Stai cercando di fare un po' di soldi?

Sei interessato a investire ma non sai da dove cominciare?

Vuoi iniziare il tuo trading di criptovalute con la conoscenza di rinomati esperti in finanza e investimenti?

Il corso crypto Expert Trading è il corso più completo sul trading e gli investimenti con le criptovalute. Imparerai a fare trading in pochi minuti al giorno. Ti insegniamo tutto, dall'analisi tecnica, alla gestione del rischio, e molto di più.

Il nostro obiettivo è quello di aiutarvi a diventare un trader di successo in modo che il vostro futuro finanziario possa essere sicuro.

Investire non è mai stato così facile con il nostro progetto passo dopo passo che insegna ai principianti come fare trading come un esperto - con il potenziale di fare enormi profitti!

La parte migliore di questo corso è insegnata da esperti. Quindi, cosa state aspettando? Iniziate oggi stesso!

Per maggiori informazioni, visitate questo link:

https://payhip.com/b/ork8N

www.ingramcontent.com/pod-product-compliance
Lightning Source LLC
Chambersburg PA
CBHW071752150726
47998CB00005B/1908